2015年四川省社会科学"十二五"规划项目"基于社区的0~3岁儿童早期教养区域推进研究"（课题批准号：SC15B009）阶段性研究成果

2016年四川省高校人文社科基地"四川省0~3岁儿童早期发展与教育研究中心"重点项目"基于社区的整合性早教模式研究"（课题批准号：SCLS16-002）阶段性研究成果

基于社区的0~3岁儿童早期教养服务模式研究

罗小华　文颐　编著

西南交通大学出版社
·成都·

图书在版编目（CIP）数据

基于社区的 0~3 岁儿童早期教养服务模式研究 / 罗小华，文颐编著. —成都：西南交通大学出版社，2018.1
ISBN 978-7-5643-5865-5

Ⅰ. ①基… Ⅱ. ①罗… ②文… Ⅲ. ①社区 – 儿童教育 – 早期教育 – 服务模式 – 研究 – 中国 Ⅳ. ①G61

中国版本图书馆 CIP 数据核字（2017）第 264717 号

JIYU SHEQU DE 0~3 SUI ERTONG ZAOQI JIAOYANG FUWU MOSHI YANJIU
基于社区的 0~3 岁儿童早期教养服务模式研究

罗小华　文颐　编著

责任编辑	梁　红
封面设计	墨创文化
出版发行	西南交通大学出版社 （四川省成都市二环路北一段 111 号 西南交通大学创新大厦 21 楼）
发行部电话	028-87600564　028-87600533
邮政编码	610031
网址	http://www.xnjdcbs.com
印刷	四川煤田地质制图印刷厂
成品尺寸	170 mm×230 mm
印张	11.5
字数	212 千
版次	2018 年 1 月第 1 版
印次	2018 年 1 月第 1 次
书号	ISBN 978-7-5643-5865-5
定价	58.00 元

图书如有印装质量问题　本社负责退换
版权所有　盗版必究　举报电话：028-87600562

内容简介

近年来，随着物质文明的不断发展，人们对教育提出了更高的要求，受教育的年龄段也在不断提前，人们对于教育的诉求，尤其是对早期教育的诉求，以及社区为促进0～3岁儿童的发展提供的物质保障和教育服务工作的情况，成为本书研究的重点。

本书从社区角度出发，以0～3岁儿童早期教养服务模式创建为研究对象，主要采用访谈法及问卷调查法两种研究方法，分别制作了针对社区早教机构、社区负责人和社区内婴幼儿家长的访谈提纲及调查问卷各一份。通过实证调查与访问，从社会学的视角分析社区0～3岁儿童早期教养服务模式创建现状，为政府和教育主管部门的宏观管理、正确决策提供实践依据，为婴幼儿及其家长在有效获得社区早教资源方面寻求社会和政府的制度及政策支持找到现实依据，探索出社区0～3岁儿童早期教养夫妻模式指导方案，为类似公办幼儿园、早教中心、亲子园等的城市与农村社区的0～3岁儿童早期教养服务模式创建提供实际的参考和借鉴。

本书以应用研究为主，较系统地研究了我国社区0～3岁儿童早期教养服务模式创建问题，回应了当前对该问题的理论与实践需求，为今后"早期教养服务模式创建"研究提供了较好的研究素材。

本书以四川省社会科学研究规划项目"基于社区的0～3岁儿童早期教养服务模式研究"为主线展开研究，主要内容概括如下：

第一部分是研究基础，包括一、二、三章，即课题选题依据、研究概述和主要研究理论溯源。从"研究背景与问题提出"和"研究意义及应用价值"到"研究内容与计划""核心概念界定"和"研究思路与方法"，以"社区治理理论""新公共服务理论""行政生态理论"进行理论溯源，全面阐释研究的背景、目的和方向，并对国内外研究文献进行梳理与述评。

第二部分为主体，由四、五、六章构成，具体包括：模式创建典型案例、服务模式探析和对策建议。从公益普惠早期教育服务模式（以"成都市锦江区东光街道树基家庭教育服务中心树基儿童生活馆"为例）、公办幼儿园早期教养指导模式（以"宜宾市鲁家园幼儿园"为例）和带养人教育素质提升模式（以"成都市蒲江县北街幼儿园潭河社区为例"）三个模式创建典型案例，探析了服务模式呈现：服务模式多元化、服务对象多元化、服务过程协作化等特征，并指出了模式创建的主要制约因素，籍此，提出了政府层面的制度设计、树立社区人本主义理念和完善早期教养体系共建等对策建议。

第三部分为展望，即第七章内容，指出下一步研究思路：达成价值共识，进一步增强各方面合作观念，构建城市0~3岁儿童早期教育的社区支持体系，打造国际儿童友好型社区。打开大局观念，立足全球视野，在中国经济发展大环境下，以"社区治理创新"为切入点，在"全面两孩"政策的实施与中国城镇化进程视域下，全面探寻社区0~3岁儿童早期教养服务模式之可持续发展路径选择。

序

党的十八届五中全会做出了全面放开生育两孩的决定，赢得了社会各界尤其是普通民众的广泛好评，之后人口学界就"全面二孩"政策展开了广泛的研究。全面放开生育二孩之后的目标人群约为9101万人，在中等生育方案下，未来五年内将会累计新增出生人口1719.5万人。[①]"全面二孩"政策的出台对于我国人口均衡发展具有重要的意义：第一，实施"全面二孩"政策有利于家庭代际结构方面的改善。第二，实施"全面二孩"政策有利于大量独生子女家庭的父母在进入高龄时得到更多孙辈的照顾。第三，实施"全面二孩"政策有利于规避独生子女因意外死亡或伤残给家庭带来的风险。从长远视角来看，"全面二孩"政策能够减缓20世纪下半叶的人口总抚养比，有利于我国人口的均衡发展，[②]但与此同时，需要加大对生育二孩家庭的社会保障力度、加大对生育二孩的家庭实施教育补贴、及时提升针对母婴的医疗保健水平，提升社区0~3岁儿童早期教养服务质量就迫在眉睫。

自20世纪80年代以来，我国进入广泛地大规模开展城市社区建设新阶段，随着政治、经济体制改革的不断深入，城市社区发展成为推动社会进步的重要手段和明显标志。社区教育是社区管理的主要内容，社区中散养的0~3岁儿童是众多家庭的重要组成部分，其早期教育成了社区教育的重要组成部分。因此，在社区中推进和实施0~3岁儿童早期教育家庭指导是加快转变教养方式、加快构建和谐社会的重要举措。"事实已经证明，幼儿开发计划能够加强入学准备，提高对小学校投资和人力资本构成的功效，促进良好的社会行为，从而减少社会福利成本，并推动社区的发展。"世界银行人力资本开发和业务政策副行长阿米内·M.乔克西对儿童早期教育开发和实施的评述清楚地表明了世界范围内对

[①] 崔振武、李龙、陈佳鞠：《全面两孩政策下的目标人群及新增出生人口估计》，《人口学刊》，2016年7月，第35页。

[②] 桂世财：《全面两孩政策对积极应对人口老龄化的影响》，《人口研究》，2016年7月，第60页。

儿童早期发展的广泛关注。①由于我国没有专门针对0~3岁儿童的政策法规，再加上对于早期教育理论的研究起步较晚，家庭和社会对早期教育的认识不足，父母对科学育儿确实有着强烈的需求。②在这样的背景下，早教机构迅速发展，加之大众媒体对早期教育机构的宣传，促使早期教育行业蓬勃兴起，城市家庭对早教开支与日俱增。事实上，目前的早期教育课程五花八门，早期教育质量及管理现状堪忧，大量的0~3岁儿童家庭教养问题已经成为社会以及家庭关注的重点。2010年，我国颁布的《国家中长期教育改革和发展规划纲要（2010—2020年）》强调要达到"基本普及学前教育"和"重视0~3岁婴幼儿教育"，进一步明确了我国政府致力构建服务于大众的早期教育公共服务体系的整体目标，构建良好的0~3岁儿童社区早教公共服务体系成为国家早期教育公共服务体系建设中的重要环节，0~3岁儿童早期教养服务模式应时而生，具有一定的现实意义和发展优势。③

因此，本书在四川省人文社会科学重点研究基地——四川省0~3岁儿童早期发展与教育研究中心的组织协调下，以四川省社会科学研究规划项目"基于社区的0~3岁儿童早期教养服务模式研究"为主线展开研讨，基于面向社区、家庭服务模式早期教养指导工作的需要和落实研究任务的可能性，展开了实地调研，全面探析科学可行、因地制宜的社区0~3岁儿童早期教养服务模式创建。其中，成都市锦江区东光街道树基家庭教育服务中心（树基儿童生活馆）"基于街道和社区的0~3岁婴幼儿及家庭公益普惠早期教育服务模式"、宜宾市鲁家园幼儿园"基于公办幼儿园推进0~3岁婴幼儿早期教养指导模式"和成都市蒲江县北街幼儿园潭河社区"依托0~3早教资源提升带养人教育素质的实践模式"都立足社区，以婴幼儿为本，关注儿童成长，力求早期教育服务综合化，教养服务方式和服务机构多元化。同时，注重发挥社区非政府机构的作用，重视社区家长工作，关注家长受教育和培训情况的同时，强调社区的积极参与，调动社区一切可以调动的力量，真正做到家庭、托幼机构、社区的合作共育，最大化、最优化地注重社区跨专业、跨领域的合作等，在社区早期教养服务模式发

---

① 聂文龙：《上海市社区早期儿童服务中心办学理念调查与对策研究》，华东师范大学，2013年。
② 郭芬：《0~3岁亲子教育指导策略》，《学园》，2013（36）：162-163。
③ 张民生：《0~3岁婴幼儿早期关心与发展的研究》，上海科技教育出版社2007年版，第22页。

展态势方面，由政府基金资助，以社区为基础，为0~3岁儿童及其家庭的社区早期教养服务模式提供更多的可以辐射社区家庭、整合社区资源的综合服务，以期为社区儿童及其家庭综合提供早期教育、儿童保育、健康支持等服务，切实改善儿童及其家庭的健康和福利状况。[①]

同时，本书在对社区0~3岁儿童早期教养实地调研的基础上，综合了成都市各区域参与的积极性和实验成果推广的需要，选取了成都市锦江区、成华区、蒲江县和宜宾鲁家幼儿园4个实验区，分别代表中心城区（一圈层）、发展城区（二圈层）、城郊结合区（三圈层）。各实验区结合各自的区域特点，制订了0~3岁儿童早期教养指导工作的研究与实践的方案，并确定了各自研究的重点。基于城市区域特点的多样性，以及社区0~3岁儿童早期教养服务模式受早期教育家庭带养方式、社区早期教育内容与形式、社区早期教育每年社区资源利用次数等因素的影响，借助一些相关的量表，选取社区0~3岁儿童早期教养服务模式作为研究依据，利用改进的配额抽样方法，根据锦江区、蒲江县和宜宾翠屏区等实验区的社会经济发展情况和已有参研社区、园（所），以及成都一二三圈城相关早教机构工作的开展情况，展开问卷调查并对调查进行了加权处理，结果具有一定的科学性、可信性和代表性。基本得出基于社区0~3岁儿童早期教养指导工作服务模式对策：一是探索并构建基于社区0~3岁儿童早期教养指导工作的管理体制与服务平台；二是研究基于社区0~3岁儿童早期教养的指导内容与指导模式；三是建设0~3岁儿童早期教养指导人员队伍，包括专业人员构成，专业培训的形式、内容等，形成早期教养指导人员培训机制；四是促进早期教养指导工作健康发展的政策与评价的研究等。

概括而言，本书力求突破社区0~3岁儿童早期教养推广模式单一的局限并积极创新，探索多种具有操作性的推广模式；改变早期教育只关注婴幼儿发展的观念，聚焦整个家庭成员育儿素质；着力社区居民文化素质的全面提升和探索社区多部门、多领域协同配合的新型社区教育服务模式。同时，从社会学的视角分析社区0~3岁儿童早期教养服务模式现状，为政府和教育主管部门的宏观管理、正确决策提供实践依据；为婴幼儿及其家长在有效获得社区早教资源方面寻求社会和政府的制度及政策支持找到现实依据；探索社区0~3岁儿童早

---

① 樊宏、钱姣、陆墨原、张倩、贾桂祯、肖华：《南京市0~3岁婴幼儿早期教育利用情况及影响因素分析》，《卫生软科学》，2016，30（2）：98-102。

期教养服务模式指导模式和服务模式的创建，在一定程度上拓宽了早期教育的研究视野。全书在"达成价值共识，进一步提升各方面合作观念""构建社区0~3岁儿童早期教育公共服务体系"和"打造国际儿童友好型社区"三个方面进行了研究展望，体现了严谨的研究态度与孜孜以求的早教人情怀。

然而科研工作难免百密一疏，本书在诸多方面尚存欠缺之处，敬请广大读者不吝赐教！

是为序！

文　颐

2018年1月

目 录

第一章　选题依据 …………………………………………………… 001
　　第一节　研究背景与问题提出 ………………………………… 001
　　第二节　研究意义及应用价值 ………………………………… 006

第二章　研究概述 …………………………………………………… 009
　　第一节　研究内容与计划 ……………………………………… 009
　　第二节　核心概念界定 ………………………………………… 010
　　第三节　研究思路与方法 ……………………………………… 013

第三章　主要研究理论溯源 ………………………………………… 016
　　第一节　社区治理理论 ………………………………………… 016
　　第二节　新公共服务理论 ……………………………………… 018
　　第三节　行政生态理论 ………………………………………… 020

第四章　模式创建典型案例 ………………………………………… 022
　　第一节　公益普惠早期教育服务模式 ………………………… 025
　　第二节　公办幼儿园早期教养指导模式 ……………………… 065
　　第三节　带养人教育素质提升模式 …………………………… 098

第五章　服务模式探析 ……………………………………………… 139
　　第一节　服务模式多元化 ……………………………………… 139
　　第二节　服务对象多元化 ……………………………………… 140
　　第三节　服务过程协作化 ……………………………………… 141
　　第四节　模式创建的主要制约因素 …………………………… 142

第六章　对策建议 ………………………………………………………… 148

　　第一节　政府层面的制度设计 ………………………………………… 148
　　第二节　树立社区人本主义理念 ……………………………………… 151
　　第三节　完善早期教养服务体系共建 ………………………………… 153

第七章　展　望 …………………………………………………………… 156

参考文献 …………………………………………………………………… 160

附　录 ……………………………………………………………………… 164

　　附件1：社区0~3岁儿童早期教育家庭带养方式调查问卷 ………… 164
　　附件2：社区0~3岁儿童早期教育内容与形式调查问卷 …………… 166
　　附件3：关于城市0~3岁儿童早期教育社区资源利用情况调查问卷 … 168

后　记 ……………………………………………………………………… 172

第一章 选题依据

人类进入 21 世纪，面对知识经济的到来，世界各国都在寻找对策。从综合国力的竞争到科学技术的竞争，引发了人才的竞争和教育的竞争。教育要从娃娃抓起，研究表明，0～3 岁是儿童身体、情感、社会、动作和认知能力发展最快的阶段，婴儿从出生的那一刻起，就已经是有能力的学习者了，对于这一阶段的重要性，教育家蒙台梭利指出："人生的头三年胜过以后发展的各个阶段，胜过三岁直到死亡的总和。"[①]0～3 岁儿童的早期教育问题受到了国际社会的广泛关注。

我国"全面两孩"政策实施以来，全国出生人口数增幅明显。2016 年，全国住院分娩活产数 1 846 万，是 2000 年以来的最高水平，二孩及以上出生占比超过 45%，较 2013 年提高十几个百分点。2017 年前 5 个月，全国住院分娩活产数为 740.7 万人，比 2016 年同期增加 7.8%，二孩及以上出生占 57.7%，比 2016 年同期增加 8.5 个百分点。[②]国家卫生和计划生育委员会 2017 年 8 月 21 日发布的《2016 年中国卫生和计划生育事业发展统计公报》显示，"全面两孩"政策效果逐步体现，2016 年全国新出生婴儿数为 1 846 万人，总生育率提升至 1.7% 以上。养育成本增加、托育服务短缺、女性职业发展压力大等已经成为影响生育子女意愿的重要因素，尤其是托育服务短板使 0～3 岁儿童及其家庭对早期教育的需求尤显急迫，加之我国早期教育的社区支持体系构建研究尚处于创建时期，随着《国家人口发展规划（2016—2030 年）》的出台实施，基于社区 0～3 岁儿童早期教养服务模式研究将着力政策协调力度的加强，该领域的理论与实践层面尚需要积极地探索和创新。

第一节 研究背景与问题提出

0～3 岁儿童早期教养问题愈来愈受到社会的广泛关注。20 世纪 90 年代，

---

① 周慧：《0～3 岁婴儿家庭教育的问题与对策》，四川师范大学，2010 年。
② 原新：《我国生育政策演进与人口均衡发展》，《人口学刊》，2016（5），第 9 页。

脑研究手段和方法的更新和发展促使神经科学发生了革命性的变化。随着神经生理学、心理学、教育生态学、教育经济学研究的不断深入，学前教育在人一生发展中的作用越来越为人们所认识。根据"卡耐基满足幼儿需要专题研究小组"的报告（1994），1岁以前大脑的发育比以往人们所认识的要快，范围要广；大脑的发育比以前人们所预料的更易受到环境的影响；最初的环境对大脑发育的影响是长期存在的；环境不仅影响到大脑细胞的数量和大脑细胞连接体的数量，还影响到这些连接体"连接"的方式；早期压力会对大脑功能、学习和记忆产生不利的和持久的影响。[①]越来越多的国家关注到儿童的早期教养，让每一个儿童从出生起就接受科学的早期教养，成为许多国家制定幼儿教育政策和发展方针的重要出发点和归宿。这个时期的个体得到科学的、适宜的、良好的教育将对一生充分的可持续发展具有极其重要的奠基作用。现代认知科学的研究充分表明：早期教育在个体发展中起到重要的作用。因此，随着社会对终身教育布局的日趋完善，传统意义上的学前教育也从3～6岁向前延伸至0～6岁。[②] 0～3岁儿童的早期教育是终生教育体系的开端，也是3～6岁幼儿园教育的基础。随着社会的多元变革、经济的快速发展，家长对婴幼儿早期教育观念发生了巨大的改变，越来越多的母亲走出了家庭，与父亲共同承担家庭经济责任。父母面对着未来社会人才竞争激烈的严峻形势，对孩子的期望越来越高，"不能让孩子输在起跑线上"，这样的心灵呐喊使他们重新认识婴幼儿的早期教育。[③]早期教养机构在我国出现于20世纪90年代，随着社会经济的发展和学前教育价值功能的日益凸显，公众对学前教育重要性的认识正日趋深入、对学前教育的需求正日益增强。我国从2012年开始开展了0～3岁婴幼儿早期教育试点，[④]对早期教育的重视程度逐渐加强，早期教育机构开始受到婴幼儿家庭和社会办学力量的大力追捧。

---

① 张建波：《构建0～3岁婴幼儿社区早教公共服务体系的实践模式》《理论观察》，2013（10）：154-155。
② 华爱华、黄琼：《托幼机构0～3岁婴幼儿教养活动的实践与研究》，上海科技教育出版社2006年版。
③ 刘丽云：《早教机构中教师对家长指导能力的研究——以济南主城区早教机构为例》，西南大学，2010。
④ 《教育部办公厅关于开展0～3岁婴幼儿早期教育试点工作有关事项的通知》（教基二厅函〔2012〕8号），2012-05-02. http://www.gov.cn/zwgk/2012-05/02/content_2127867.htm.

由于社区是由居住在一定区域或地域范围内的人们所结成的社会区域共同体，基于社区的0~3岁儿童早期教养服务模式能够在一定程度上反映和满足社区发展需要，为实现社区全体成员素质和生活质量的提高以及社区全面发展起到助推作用。实施过程中以街、镇组织为行为主体，街、镇组织将社区内各种教育因素集合、协调，形成合力，充分发挥整体作用。

十年树木，百年树人。进入21世纪，随着我国教育改革的不断深入，人们生活水平的不断改善，以及终身教育理念的提出，0~3岁儿童的早期关心与发展更是受到广大教育工作者的关注，家长开始普遍重视子女的早期教养问题，整个社会正在形成重视儿童生命质量的风气。2010年5月，国务院审议并通过的《国家中长期教育改革和发展规划纲要（2010—2020年）》中明确要求"重视0~3岁婴幼儿教育"，这标志着0~3岁儿童早期教育已正式纳入国家教育体系之中。[1]

国内外0~3岁儿童保教研究现状存在机遇与挑战。当代世界各国的学前教育大多是以社区教育的形式发展的，社区教育在学前教育领域有着更突出的表现和更广阔的发展前景。

世界各国都十分重视0~3岁儿童的早期教育。英国从1997年开始实施的"良好开端"计划是一项由政府发起，以早期保育和教育为切入点，综合性社区婴幼儿早期发展和教育的服务计划，目的是为生活在条件不利区域的未来父母以及拥有3岁以下儿童的家庭提供更多、更好的服务，将早期教育纳入社会的公共服务体系，使儿童有一个良好的人生开端。日本20世纪90年代中期以来实施的"天使计划"等国家方案，也是致力建立社会共同支持援助、面向社会开放的儿童教育新局面，各地根据当地实际情况和需要，制定规划和发展保育服务事业，从而动员全社会力量共同建构起社会育儿支援系统。美国的"提前开始计划"同样也是由各州社区服务部负责的社区教育方案。[2]

我国早期教育研究属于起步阶段。由于我国没有专门针对0~3岁儿童的政策法规，对于早期教育理论的研究起步较晚，家庭和社会对早期教育的认识比较肤浅，加之父母对科学育儿有着强烈的需求，[3]早教机构迅速发展，催生了早

---

[1] 张晋：《城市社区早期家庭教育公共服务供给研究》，西南大学，2015。
[2] 员春蕊、王小英：《澳大利亚儿童早期发展指数的研制、实施和效用》，《外国教育研究》，2015（2）：56-65。
[3] 郭芬：《0~3岁亲子教育指导策略》，《学园》，2013（36）：162-163。

期教育行业蓬勃兴起，家庭对早教投入与日俱增。早期教育课程五花八门，早期教育质量及管理现状堪忧，大量的0～3岁婴幼儿家庭教养问题成为社会以及家庭关注的重点。我国在社区早期教育的实践方面尚处起步阶段，社区教育作为一种新的教育观和教育组织形式，在我国于20世纪70年代末才开始萌芽，社区教育曾被简单地理解为校外教育，在社区早期教育方面更是偏重于理论的研究，如早期教养指导的实施策略、方式方面，有刘丽云的《托幼一体化模式下的0～3岁婴幼儿早期教养指导》《早教机构中教师对家长指导能力的研究——以济南主城区早教机构为例》、徐小妮的《0～3岁婴幼儿早期教养指导形式初探——上海市某早期教育指导与服务中心的个案研究》；对早教机构中教师对家长指导能力现状进行研究方面，有冀彩虹的《早教指导教师与家长现场互动研究——以上海市某区早教指导中心为例》；对家长教育方面，有程洁的《上海市0～3岁婴幼儿早期教育指导体系中的家长教育》等，而这方面的研究主要还是以课程研究为主，社区推广模式的研究实际上是个空白，加之我国政府对亲子机构投入的经费严重不足，多数幼儿园主要针对3～6岁儿童，且普遍只注重本园幼儿的教育，较少关注社区儿童的家庭教育。社区机构普遍不太重视早期教育，社区中的0～6岁儿童的家庭极少得到专门机构的教育指导，而0～6岁儿童中，处境不利的弱势群体和有特殊需要的儿童以及流动人口子女更是难以获得社区平等的早期教育资源。

我国早期教育政策发展存在着明显的阶段性，并与早期教育的实践研究的发展阶段有着密切关联。2001年国务院批准印发的《中国儿童发展纲要（2001—2010年）》中第一次提出了"发展0～3岁儿童早期教育"，2003年3月国务院办公厅转发了教育部等十部委《关于幼儿教育改革与发展的指导意见》，明确提出2003年到2007年幼儿教育改革的总目标之一是"为一岁婴幼儿和家长提供早期保育和教育服务""全面提高一岁婴幼儿家长及看护人员的科学育儿能力"。2006年12月，国务院办公厅颁布《国务院办公厅关于印发人口发展"十一五"和2020年规划的通知》，提出"大力普及婴幼儿抚养和家庭教育的科学知识，开展婴幼儿早期教育，强化独生子女社会行为教育和培养"。2007年5月，国务院批转教育部《国家教育事业发展"十一五"规划纲要的通知》中强调"重视发展儿童早期教育"。2010年，中共中央、国务院发布的《国家中长期教育改革和发展规划纲要（2010—2020年）》中，"学前教育"首次作为一个独立章节被列入国家教育改革规划中，"重视0至3岁早期婴幼儿教育"首次被提出并被放在重要位置。2011年,国务院发布的《中国儿童发展纲要(2011—2020年)》提出"提高婴幼儿家长科学喂养知识水平""促进0~3岁儿童早期综合发展"的目标。2016年3月新颁布的《幼儿园工作规程》指出:"幼儿园应当加强与社区的联系与合作,面向社区宣传科学育儿知识,开展灵活多样的公益性早期教育服务,争取社区对幼儿园的多方面支持。"

首先,从时间上来看,早期教育的实践研究的发展要领先于早期教育政策的发展。有理由相信,早期教育实践研究发展对政策发展有推动作用。

其次,政府补贴扶持早期教育的覆盖年龄呈现出由高龄向低龄逐步扩展的态势。尽管目前我国正处在普及3~6岁学前教育的阶段并尚未完成,对于0~3岁儿童早期教育还处在鼓励发展、逐步规范的阶段,政府的扶持力度还不够,主要集中在北京、上海。从这一点来看,我们有理由相信,在3~6岁儿童学前教育普及后,我国政府会扶持和普及0~3岁婴幼儿早期教育。

此外,也应当看到民办早教机构的发展对于推动早期教育事业的发展有着重要作用。我国从20世纪90年代末开始出现私立早教机构以来,目前早期教育政策已经在部分发达省市开始试点,但在承认民办早教机构的发展对于推动早期教育事业的发展有着重要作用的同时,也要看到早期教育事业的发展仅靠民办早教机构是远远不够的,只有切实发挥政府与行业协会的作用,才能有效实现早期教育事业的良性发展。

最后,社区发展成为推动社会进步的重要手段和重要标志。社区教育是社区管理的主要内容,0~3岁儿童早期教育是社区教育的重要组成部分。因此,在社区中推进和实施0~3岁婴幼儿早期教育家庭指导是加快转变0~3岁儿童教养方式、加快构建和谐社会的重要举措。"事实已经证明,幼儿开发计划能够加强入学准备,提高对小学校投资和人力资本构成的功效,促进良好的社会行为,从而减少社会福利成本,并推动社区的发展。"世界银行人力资本开发和业务政策副行长阿米内·M.乔克西对儿童早期教育开发和实施的评述清楚地表明了世界对儿童早期发展的关注。[1]社区0~3岁儿童早期教养服务模式工作能够立足社区,以婴幼儿为本,关注成长,力求早期教育服务综合化、多元化和0~3婴幼儿的教养服务方式和服务机构多元化,同时注重发挥社区非政府机构的作用,重视社区家长工作,关注家长受教育和培训情况的同时强调社区的积

---

[1] 聂文龙:《上海市社区早期儿童服务中心办学理念调查与对策研究》,华东师范大学,2013年。

极参与，调动社区一切可以调动的力量，真正做到家庭、托幼机构、社区的合作共育，最大化最优化地注重社区跨专业、跨领域的合作等社区早期教养服务模式发展态势，由政府提供基金资助，以社区为基础，为0~3岁儿童及其家庭的社区早期教养服务模式提供更多的可以辐射社区家庭、整合社区资源的综合服务，尤其是在早教指导方面，可以更有效地支持父母发挥养育儿童的角色，提供高质量的早期教育及支持服务、家访等；[①]在早教指导方面，0~3岁早期教养服务模式可以立足家庭，以社区为依托，面向早期儿童及其父母提供适时有效的指导服务，旨在通过基于社区的0~3岁儿童早期教养服务模式，为社区儿童及其家庭综合提供早期教育、儿童保育、健康支持等服务，切实改善儿童及其家庭的健康和福利状况。[②]

因此，本书立足社区婴幼儿及其家长的多样化实际需求，探索社区0~3岁儿童早期教养服务模式创建，将处于社区中的妇联、卫计委、街道办事处、幼儿园、早教机构、卫生服务中心等社区资源进行整合优化，积极向社区辐射和延伸，力求探寻社区0~3岁儿童早期教养服务模式的科学路径，这既是政府在推动教育现代化进程中履行公共服务职能的新拓展，同时也是完善社区早期教育服务模式机制的创新和补充。

第二节　研究意义及应用价值

一、研究意义

自1887年德国社会学家滕尼斯（F.Tonnies）提出"社区"一词后，构建终身教育体系，建立学习化社区就成了世界范围内教育发展的必然趋势。社区0~3岁儿童及其家庭是社区人口的重要组成部分，基于社区的0~3岁儿童早期教养服务模式是以婴幼儿为对象，以家庭为基础，以社区为依托的区域性系统教育工程，是提升社区人口素质的需要，是社会转型时期社区家庭教育发展的需

---

① 侯晓磊、蔡迎旗：《美国0~3岁婴幼儿家庭服务体系项目实施简析——以马萨诸塞州为例》，《教育导刊（下半月）》，2015（3）：90-93。

② 樊宏、钱姣、陆墨原、张倩、贾桂祯、肖华：《南京市0~3岁婴幼儿早期教育利用情况及影响因素分析》，《卫生软科学》，2016（2），98-102。

要，更是社区建设的一项重要内容。①

近年来，国务院总理李克强在许多场合提出"扩大教育公平"。我国政府越来越重视学前儿童社区早期教养问题，将它置身于终身教育体系中，从过去主要发展3~6岁幼儿教育向下延伸至0~3岁婴幼儿教育，在经济发达地区开始积极探索社区学前教育的模式，积极推进0~6岁教育社区化，以改变我国0~3岁婴幼儿教育与3~6岁教育脱节、0~3岁早期教育比较薄弱的状况，其中，涉及社区早期教养资源的内容主要包括：自然资源、物质资源、文化资源、社区人力资源、组织管理资源等，具有间接性和潜在性，在社区早教资源整合性服务模式发展中，社区组织管理资源的作用更不容小觑，社区内的党政机关、社会团体、企事业单位以及社区各部门的上级部门等在社区整合性早教服务模式的创建中一直以来具有举足轻重的地位。②

本书从我国城市和农村基于社区的0~3岁儿童早期教养服务模式的发展现状、发展瓶颈及健康发展路径探寻等方面展开全面调查研究，在前期调研的基础上，综合了成都市各区域参与的积极性和实验成果推广的需要，选取了成都市锦江区、宜宾市翠屏区和成都市蒲江县潭河社区3个实验区，分别代表中心城区（一圈层）、发展城区（二圈层）、城郊结合区（三圈层）。根据实验区各自的区域特点，制订了服务模式0~3岁婴幼儿早期教养指导工作的研究与实践的方案，并确定了各自研究的重点：成都市锦江区东光街道树基家庭教育服务中心（树基儿童生活馆）"基于街道和社区的0~3岁婴幼儿及家庭公益普惠早期教育服务模式"；宜宾市鲁家园幼儿园"基于公办幼儿园推进0~3岁婴幼儿早期教养指导模式"；成都市蒲江县北街幼儿园潭河社区"依托0~3早教资源提升带养人教育素质的实践模式"，从社区的0~3岁儿童早期教养服务模式创建角度出发，融汇社区0~3岁儿童早期教养服务模式与早教服务模式的创建，在一定程度上拓宽了早期教育的研究范围，同时呼吁社会对社区早教资源整合性运用的关注，对有关发展与改革社区早期教养的相关理论在一定程度上具有丰富化的作用。

---

① 张建波、康甜甜：《A市幼儿园为社区早期教育服务现状的调查研究》，《常州工学院学报（社科版）》，2013（5）：114-116。
② 陈红梅：《幼儿园与社区互动的策略选择》，《早期教育（教科研版）》，2015（5）：49-51。

二、应用价值

本研究从实践层面研究社区的 0~3 岁儿童早期教养服务模式中的突出问题，制定和完善相关政策，协调社区各级各类政府部门、分管教育局、妇联、计生部门、社区管理机构、社区卫生系统、社区居委会，各司其职，群策群力，通过实证调查和访问，从社会学的视角分析社区 0~3 岁儿童早期教养服务模式现状，为政府和教育主管部门的宏观管理、正确决策提供实践依据，为儿童及其家长在有效获得社区早教资源方面寻求社会和政府的制度及政策支持找到现实依据，探索出社区 0~3 岁儿童早期教养服务模式指导模式，为类似公办幼儿园、早教中心、亲子园等的城市与农村社区的 0~3 岁儿童早期教养服务模式提供实际的参考和借鉴，满足家长对早期教育的公共需求。

第二章 研究概述

第一节 研究内容与计划

一、研究内容

基于城市区域特点的多样性,研究确定了基于社区的0~3岁婴幼儿早期教养指导工作服务模式的研究与实践的目标:在先进理念、理论的指导下,结合社区实际,开展各具特色、各有侧重的实验,探索在社区层面推进0~3岁儿童早期教养指导工作的模式和管理机制,为全面推广0~3岁儿童早期关心与发展工作,提供可操作的经验。

研究内容具体包括四方面:一是探索并构建基于社区的0~3岁儿童早期教养指导工作的管理体制与服务平台;二是研究社区0~3岁婴幼儿早期教养的指导内容与指导模式;三是建设0~3岁儿童早期教养指导人员队伍,包括专业人员构成、专业培训的形式、内容等,形成早期教养指导人员培训机制;四是促进早期教养指导工作健康发展的政策与评价的研究等。

二、研究计划

根据实验区的社会经济发展情况和已有参研社区、园、所等机构早期教育指导工作的开展情况,我们拟将研究内容分解到相应实验区。

锦江区、蒲江县两地的早期教育社区推进工作已初见成效,对于这两个区域,我们将着重负责"0~3岁儿童早期教养指导工作管理体制与服务平台建设"和"社区0~3岁婴幼儿早期教养的指导内容与指导模式"的研究工作。主要针对0~3岁儿童早期教育的整合性管理网络和网络式服务平台的建设,对组合式早教指导方式、多样化早教模式以及科学适宜的早教指导内容进行实践性探索。

对具有较强的科研人员配置和资金、政策支持的成华区、双流县妇幼保健院和相关幼儿园、所来说,我们的重点将放在"探索0~3岁儿童早期教养指导人员队伍建设途径"的研究上,主要针对专、兼职指导教师、儿保医生、"育婴师"等的职业培训方案开展研发工作。

在本研究的过程中,我们将结合各实验区的研究开展情况,进行早期教养指导工作健康发展的评价和相关政策的研究。

第二节 核心概念界定

一、社 区

"社区"一词最早是由德国社区学家腾尼斯(F. Tonnies)于1887年提出。目前有关社区的定义已有150余种,其中,在社会学界,研究者一般将社区定义为在特定区域内,人类群体构建的社会生活共同体。[1] 21世纪30年代,我国社会学界把Community译为中文"社区"。叶忠海教授认为,社区是"由生活在特定区域内,并有着归属感的人们形成的社会生活共同体"。社区是构成社会的微小细胞,是居民开展各类社会活动的主要场所。[2]

社区,即在一定的地域内的人群从事经济、政治、科学文化活动,并由此构成一定的生产关系和社会关系的社会生活共同体。目前社区的范围,一般指经过社区体制改革后作了规模调整的居民委员会辖区。在同一个社区内,人们的文化、习惯、信仰、心理和行为方式等方面,有着许多一致的背景和一致的利益。[3]

中文的"社区"一词是20世纪30年代初期由费孝通先生从英文"community"翻译过来的。如果仅从汉字字面意思看,"社"是古代地方基层行政单位。据《周礼》记载,"二十五家为社"。"区"既可以指称数量,也可以指称居处。而在费孝通先生看来,"社区是若干社会群体(家庭、民族)或社会组织(机关、团体)聚集在一个地域里,形成的一个在生活上相互关联的大集体"。毫无疑问,

---

[1] 邹敏:《我国城市社区学前教育面临的挑战与对策》,《学前教育研究》,2005(7-8):96。

[2] 李相云:《以幼儿园为中心的社区学前教育模式探讨》,西南师范大学,2002年,第8页。

[3] 卢勃:《学前教育学》,清华大学出版社2014年版,第231-232页。

费孝通先生定义的"社区"概念比汉语原有的含义已有所发展。它主要是指人类的生活共同体和亲密的伙伴关系。

一般而言，我们可以对现代的"社区"概念给出的定义是：社区是指由生活在一定的地域范围内的人群通过多种形式的互动，逐步形成的生活方式和文化心理上具有一定同质性和彼此依存性的基层社会组织。我国目前所称的社区，在城市一般指街道办事处下辖的基层社会组织单元，即经过社区体制改革后做了规模调整的居民委员会辖区；在农村则指自然村。

社区的构成要素主要是地域要素、人口要素、区位要素、物质要素、组织要素、心理要素和制度要素等，社区是一个复杂系统。

社区的分类：

社区是一个相当复杂的系统，因而可以用不同标准来对社区进行分类。以社区的功能来分，可分为商业社区和工业社区；以社区的地理环境来划分，可分为平原社区、山区社区、牧区社区；以社区的发展程度来划分，可分为发达社区和不发达社区，等等。[1]

社区的功能：

一般来说，社区有以下五种重要功能：

满足生活需求功能。社区有一套生产、分配以及销售的体系，为社区内成员提供日常生活的必需品。

社会化功能。社区有一套社会化的体系，将社区内最重要的知识、价值观及其行为模式，由上一代传到下一代。社区内的学校以及其他社会机构都被赋予社会化的功能。

社会控制功能。社区有一套社会控制体系，用以鼓励人们遵守社会规范，以维护社会秩序，同时也用以惩罚违反社会规范的人。

社会参与功能。社区有一套社会参与的体系，促进社区内人们互相往来与互动，并促进社区的价值整合。

社区互助功能。社区有一套体系，使社区一群人相互帮助、互相支援。

二、早期教养

早期教养（亦称早期教育）广义是指从出生到入小学以前的教育，也即学

---

[1] 奚从清：《社区研究——社区建设与社区发展》，华夏出版社1996年版，第8页。

前教育；狭义则指0~3岁阶段对婴幼儿进行的胎教、感官功能训练、动作训练、语言发生训练和亲子交往、感知动作思维、连贯性动作与活动、语言、玩伴交往与个性形成等方面的训练和培养。[1]

从教养的场所不同，可以将早期教养分为：家庭早教、社区早教和园所早教。

家庭早教是指以家庭为教育场所，对家庭中的幼儿进行智力方面的开发和良好人格的养成，是人接受教育的最初级阶段；社区早教是指以社区为教育场所，以社区中的家庭为教育对象，在家庭与家庭之间搭起沟通的桥梁，交流育儿经验，并有助于培养幼儿的社会性；园所早教是指以专业的早教机构或幼儿园为教育场所，以幼儿为教育对象，旨在促进幼儿身心健康发展。[2]

本书指的社区早教，旨在以社区婴幼儿及其家长为教育对象，开展教育活动。社区服务的内容较多，其中社区早期教养服务以社区中的幼儿及幼儿家长为服务对象，利用社区内的一切资源，开展早期教育服务工作，为社区内幼儿能够健康成长创设良好的条件。该服务具有社会福利性和公益性。

因此，社区早期教养服务是早期教育的一种形式，指以社区为依托，以社区内婴幼儿及其家长为教育对象，通过社区工作人员整合各类教育资源，为社区内婴幼儿及其家长提供科学指导的教育活动，其目的是为了更好地促进婴幼儿全面发展，家长掌握科学育儿技能的公益性活动。

三、服务模式

服务模式是指在服务过程中采取的不同模式。本书中的服务模式指社区早期教育服务模式，属于社区服务的范畴。社区服务是以一定层次的社区组织为主体，以一定的社区服务设施作为载体，以社区居民的广泛参与为基础，通过实施服务项目来增进社区公共福利、提高居民生活质量的各种活动及过程。[3]

社区早期教育服务作为针对社区内新生儿及其家庭开展的服务，应成为社区教育服务的一项，是指在一定区域内利用各类教育资源开展旨在提高社区全

---

[1] 梁志燊、霍立岩：《中国学前教育百科全书》，沈阳出版社1995年版。
[2] 伞硕：《早期教育从商业服务到社区服务的过渡研究》，黑龙江大学，2012年，第5页。
[3] 李程伟、徐君：《社区服务导论》，中共中央党校出版社2005年版，第9页。

体成员整体素质和生活质量的活动。

由于社区早期教育服务具有群众性和互助性的特点，参与的主体应包括社区内的家庭、社区工作者、附近的幼教机构、社会团体和其他各类社会力量，所以社区早期教育服务不仅包含了社区工作者进行联络资源和组织活动，针对社区内有早期教育需求的家庭开展服务，其中还应包括社区居民之间的互助服务和志愿者服务。

因此，本书提出的社区早期教养服务模式是指借助社区现有的人、财、物等资源，整合各方面力量，有效配置社区设备设施，创建多领域、跨部门的专业合作体系，开展专业指导与系统培训，形成易推广、易操作的服务模式范例。[①]

第三节 研究思路与方法

一、研究思路

本研究选取了三个试点单位，分别是成都市锦江区东光街道树基家庭教育服务中心（树基儿童生活馆）、宜宾市鲁家园幼儿园和成都市蒲江县北街幼儿园，向托班 400 名幼儿家长发放有关社区 0~3 岁儿童教养方式与需求情况调查问卷，问卷涉及社区早期教育家庭带养方式、社区早期教育内容与形式和社区早期教育资源利用次数情况等问题。

其中，成都锦江区、蒲江县和宜宾市翠屏区的早期教育社区推进工作已初显成效，课题组立足"0~3岁儿童早期教养指导工作管理体制与服务平台建设"和"社区0~3岁婴幼儿早期教养的指导内容与指导模式"的研究工作，针对0~3岁儿童早期教育的整合性管理网络和网络式服务平台的建设，对组合式早教指导方式、多样化早教模式以及科学适宜的早教指导内容进行了一系列实践性探索：课题组调查了成都市锦江区东光街道社区、宜宾市翠屏区鲁家园社区和成都市浦江县潭河社区的早期教育活动展开调查→查阅相关研究成果→形成研究方案→在相关理论指导下→开展社区0~3岁儿童早期教养服务模式模式的探寻→立足社区资源有效整合，遵循家长主体原则、平等互助原则、个性化指导原

[①] 李程伟、徐君：《社区服务导论》，中共中央党校出版社2005年版，第270页。

则、整体性原则等，主要采用行动研究法、观察法、个案研究法、调查法等→整合多方资源，构建社区早教共同体，探寻"基于街道和社区的0~3岁婴幼儿及家庭公益普惠早期教育服务模式"、宜宾市鲁家园幼儿园的"基于公办幼儿园推进0~3岁婴幼儿早期教养指导模式"和成都市蒲江县北街幼儿园潭河社区"依托0~3岁儿童早教资源提升带养人教育素质的实践模式"的实践探索→通过数据分析，指出社区0~3岁儿童早期教养服务模式的影响因子分析→构建早教指导基本思想，探索总结出推进0~3岁儿童早期教养指导的模式→提升家长及带养人的教养水平与自身素质，促进婴幼儿的健康发展。

研究从"社区为主体，婴幼儿的实际需求为基础，婴幼儿家庭为依托"出发，探索社区0~3岁儿童早期教养服务模式建构，力求创建形式多样的"社区—家庭—早教机构"三位一体的线上线下搭配共建的早期教育服务体系，拟形成立足社区的"政府主导、计生牵头、部门联动、社会参与、机构共建、资源共享、家庭响应"的有效的社区0~3岁儿童早期教养服务模式。

研究思路如图2.1所示：

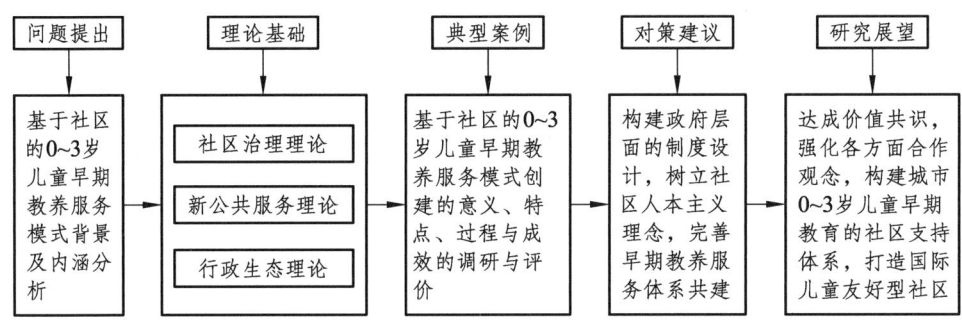

图2.1 研究思路图

二、研究方法

作为应用性研究，在整个研究的过程中，行动研究法成为服务模式0~3岁婴幼儿早期教养工作的研究与实践的主要研究方法，在研究中不断探索、反思、梳理、归纳、调整。同时，我们将综合采用多种研究方法，如调查研究法、文献研究法、案例研究法。调查研究、数据搜集作为实验研究的部分，能清晰地帮助我们了解区域早期教养的现状，在确定早期教养指导服务内容和服务模式上更切合实际；借助文献研究和情报收集，可以充分利用最新的研究成果，借鉴已有的经验，在实践反思的基础上使研究更具前瞻性和创新性；案例剖析能为早期教养指导工作的有效开展提供技术支持。

行动研究法：了解早教指导活动开展的现实情况，对不同方式的早教指导进行探索，通过"计划—行动—考察—反思—再计划—再行动—再考察—再反思"这样一个螺旋式循环过程，不断进行总结、反思、调整，推进课题研究工作，最后研究总结形成了公办幼儿园开展社区的0~3岁儿童早期教养服务模式，构建社区0~3岁儿童早期教养服务体系。

观察法：观察各种早教指导活动，观察家长与宝宝、教师与宝宝、家长和教师的互动情况。通过观察，了解宝宝的发展水平、家长的指导水平、教师的指导水平，验证有效的方法和策略。

个案研究法：主要在"多种形式的早教指导研究"中采用此方法，选择一些具有代表性的典型案例，进行观察、记录，并进行系统地分析，从而总结出有效的方法和策略。

经验总结法：对不同形式的早教指导活动进行分析和总结，总结出公办幼儿园推进早教指导的一系列方法和策略，通过早教指导行动研究，总结出公办幼儿园开展0~3岁儿童早教指导推进模式。

文献分析法：了解国内外社区学前教育及公益性早期教养指导和服务的情况，汲取有启发意义的工作思路与方法。

调查研究法：向社区发放《0~3岁婴幼儿家庭问卷调查表》，了解社区0~3岁婴幼儿人数、家庭结构及对早期教育的观点、能力和需求等，收集实践探索中家长对新模式、新策略的反馈和建议。

第三章　主要研究理论溯源

　　追根溯源，在社区治理发展与资源整合过程中，基于0~3岁儿童早期教养服务模式的理论依据源于社区治理理论、新公共服务理论和行政生态学理论等。社会治理理论源于1989年世界银行于首次提出的"治理危机"，并由此在学术界展开热烈讨论，并由20世纪80年代以来兴盛于英、美等西方国家的一种新的公共行政理论和管理模式，也是近年来西方规模空前的行政改革的主体指导思想之一，其中美国学者罗伯特·登哈特和珍妮特·登哈特夫妇提出了"服务而非掌舵"的新公共服务理论，基本理念包括：国家是公共服务型国家，国家存在的目的与职能就是为全体公民的利益与需求服务；政府是公共服务型政府，政府的所作所为都是为提供公共服务；提供公共服务是政府的主要职能之一。在此基础上，结合我国实际，将公共服务理论、行政生态理论进行本土化研究，在社区0~3岁儿童早期教养服务模式的构建过程中，有赖于社区的资源整合，通过引入公平正义、公共利益以及政策过程中的公民参与等理念，为实现社区公共服务均等化奠定基础。

第一节　社区治理理论

一、社区治理理论的兴起

　　20世纪90年代后，治理理论在全球范围内迅速流行。治理涉及社会形态的重构、维护与更新。治理理论主要包括全球治理理论、民族国家治理理论以及地方治理理论等。治理理论分类的依据是涉及范围的差异：全球治理理论涉及全球范围。在经济全球化背景下，各个国家作为子系统，整个世界变成了一个有机联系的大系统。根据系统论的观点，子系统与系统间以及子系统之间相互运动，由此改变了系统或要素的原有状态，产生了全球性的共同问题，全球治理理论正是在此基础上产生的。民族国家治理理论涉及的范围是一个国家。民族国家治理理论在"政府失败"和"市场失败"的双重压力下应运而生，政府从"划桨"变成"掌舵"，从"统治"变成"治理"，吸纳更多主体参与到国家治理中是民族国家治理理论的核心内容。地方治理理论涉及的范围则更具体、明确，主要针对共同的地方性问题，研究的焦点是如何在多元的平等主体之间进行有效的协调。这三个子理论虽然涉及对象和范围略显不同，在内涵和外延方面的指代也略有差异，但由于其都从属于治理理论的大范畴，因此存在许多共通之处，这些逻辑和理念上的相似点对我们探讨社区0~3岁儿童的管理部门，如妇联、居委会、卫计委等的角色重塑具有重要意义。在此基础上，夏建中先生提出了社区治理理论。他认为，社区治理与全球、国家和地方治理一样，都是十分重要的工作。①他认为社区治理指的是在与社区居民息息相关的多层次复合的社区内，多元的社区治理主体通过合作协商等方式，来共同解决社区内的社会公共问题，满足社区居民个性化的合理需求。社区治理理论是在治理理论的大框架下提出的，因此具有治理理论普遍存在的共性。而社区治理理论和其他治理理论的最大不同在于，该理论强调充分发挥社区的自治功能，理论上不应有一级政府参与。简单地说，社区治理理论在本质上强调的是多方参与和居民自治。

二、治理理论带给我们的启示

（1）鼓励公民自愿参与行政系统的输入；
（2）"小政府、大社会"，公民社会成主流；
（3）治理主体多元化，但政府仍发挥关键作用。

本书依据社区治理理论的核心要素，结合社区治理的特点，对于社区0~3岁儿童早期教养服务模式构建内涵做出如下描述：社区治理是在政府主导下，遵循国家治理的总体要求，推进社区0~3岁儿童早期教养的多个主体，在共同目标的语境与框架下，通过协商合作及市场机制等多种方式，共同提供社区教育供给服务，形成社区居民广泛参与、多样选择、自主学习、持续发展的社区0~3岁儿童早期教养服务模式构建体系，追求社区教育资源与居民共享利益的

---

① 夏建中：《治理理论的特点与社区治理研究》，《黑龙江社会科学》，2010（2）：125-130。

最大化，以达到实现善治、建设居民共同的早期教养家园的愿景目标。

第二节　新公共服务理论

一、新公共服务理论的兴起

新公共服务理论是罗伯特·登哈特和珍妮特·登哈特在批判传统的公共行政，尤其是在批评新公共管理的基础上建立起来的。登哈特认为，公共行政至今已经形成了三种不同的模式：一是建立在政治和法律之上的传统公共行政，二是建立在经济考虑和市场考虑之上的新公共管理，三是强调民主标准或社会标准的新公共服务。新公共服务理论像传统的公共行政理论和新公共管理理论一样，也具有一些似乎可以将其描绘成为一种规范的理论模式的思想来源和概念基础。

登哈特认为新公共服务的理论来源主要包括：民主公民权理论、社区与公民社会理论、组织人本主义和新公共行政、后现代公共行政。

所谓"新公共服务理论"指的是关于公共行政在以公民为中心的治理系统中所扮演的角色的一套理论。在新公共服务理论家看来，公共行政官员在其管理公共组织和执行公共政策时应该集中于承担为公民服务和向公民放权的职责，他们的工作重点既不应该是为政府航船掌舵，也不应该是为其"划桨"，而应该是建立一些明显具有完整整合力和回应力的公共机构。[①]

二、新公共服务理论的基本观点

（一）服务而不是指导

新公共管理认为：政府官员通过借鉴企业管理中的激励制度来提高行政效率；政府官员管理行政活动的领导力，其实是人类社会历史经验的一个自然的组成部分，领导不是政府官员的特权，它只是一种职责，指政府官员需要尽心尽力为社会公民提供公共利益服务。新公共服务理论相比较传统公共行政理论和新公共管理理论，更加具有服务意识，追求主动为社会大众提供公共需求。

---

① 丁煌：《西方行政学说史》，武汉大学出版社2004年版。

（二）追求公共利益

新公共服务认为，社区利益高于个人利益，希望公民多追求社利益，同时鼓励公民有大局意识和服务意识，为社区利益和邻里发生的事情承担个人责任。政府必须对更大的公共利益负责，而不是利润。

（三）思维要具有战略性，行动要具有民主性

新公共管理认为，政府要尽可能少干预市场，以便允许通过市场力量和激励来实现公共目标，要更加关注公民参与和社区建设，公民参与是民主政体中必要的组成部分。一个社区中的共同生存依赖于相互信任、合作、沟通以及共同承担的责任，公民和行政官员在社区建设中共同承担责任并且一起执行项目。

（四）政府责任具有复杂性，不能简单定义责任与义务

新公共服务理论认为，政府官员的角色是公共利益的引导者、服务员，从一开始的政策制定到贯彻法律、民主、宪政、公共利益等原则到最后为公民提供公共服务，要全程对公民负责，所以，政府官员须是高素质、有责任心、有耐心的精英人才，这就对政府责任内涵赋予更广泛的定义。

三、新公共服务理论带给我们的启示

新公共服务理论是行政管理理论发展的最新阶段，对西方国家的行政改革起了重要推动作用。21世纪是快速发展的时代，我国政府机构面对的国内外环境在不断变化，对于如何高效处理行政事务，如何深化行政改革，如何为公民提供更好服务以及用什么样的方式来提供公共服务等这些问题，是我国在建设服务型政府过程中必须解决的问题。新公共服务理论作为行政管理理论发展的最高阶段，虽然是由西方欧美国家提出的一种理论，但是其中具有积极意义的价值方面，却是基于社区0~3岁儿童早期教养服务模式创建过程中服务型政府管理机制可以借鉴的。

（一）树立以社区居民为主导的公共服务思想

新公共服务理论倡导公民参与制定各项公共决策，让公民和政府共享政策制定权力。要让社区居民主动参与社区0~3岁儿童早期教养服务活动，需要培育居民的参政议政能力，需要培养居民的主人翁责任意识。这样做的好处是，

首先，可以增强居民对社区 0~3 岁儿童早期教养服务模式的理解和接受能力；其次，有利于社区早期教养政策法规的实施；最后，社区居民的参与拉近了政府与居民的关系，政府容易得到居民的信任和支持，在一定程度上促进社区 0~3 岁儿童早期教养服务模式的可持续健康发展。

（二）引入竞争和私营化的公共服务

新公共服务理论提出的在公共服务的提供领域引入竞争机制，让公共组织、非营利组织或者其他第三部门通过投标和竞标的方式参与。在这个竞争过程中形成多赢，政府可以选择最优的早期教养服务提供主体，让自己腾出精力去服务一些不适合委托的公共服务，第三部门因为竞争需要所以不断提升社区早期教养服务质量和服务水平，社区居民及其家庭也可以参与选择最适合自己的服务主体。在社区引入竞争机制对于不断提供满足人们日益增长需求的社区 0~3 岁儿童早期教养服务是非常重要的，也是我国建设服务型政府可以借鉴的。

由此可见，新公共服务理论是公共教育服务发展的理论源流和基石，公共教育服务是随着公共教育的建立而形成的。[1]新公共服务理论认为从个人的行动开始，公共行政并不是中立的，是能够出现创造性和对话的；平等、公平、正义、互动性等是新公共服务理论的核心价值，这些价值不仅有助于社区 0~3 岁儿童及其家庭的健康成长，也能使社区的各个团体组织更加紧密合作，共同有效面对复杂的外部环境，同时，还可以增强社区居民与政府机构之间的联系，有利于解决社区管理中的疑难问题。

第三节　行政生态理论

行政生态学理论由美国哈佛大学的 J.高斯最早提出，后来 F.W.雷格斯对这一理论作出重要发展，以生态学的方法探讨社区行政管理问题，为早期教育服务有机融合探索新的研究领域，与此同时，从布朗芬布伦纳的生态理论也可以看出，对社区早期教育服务影响最直接的是幼儿及其家庭所处的微系统、中介系统与外系统，即家庭、社区、幼儿园、父母及教师以及社区等，其中影响最

---

[1] 宋鼓瓚：《公共教育服务的形成、内涵与供给机制》，《中国教育政策评论》，2011（12）：14。

大的是微系统之间各方互动的关系，其互动质量越高，社区整合性早期教育服务的资源整合力度就越大，如图3.1所示：

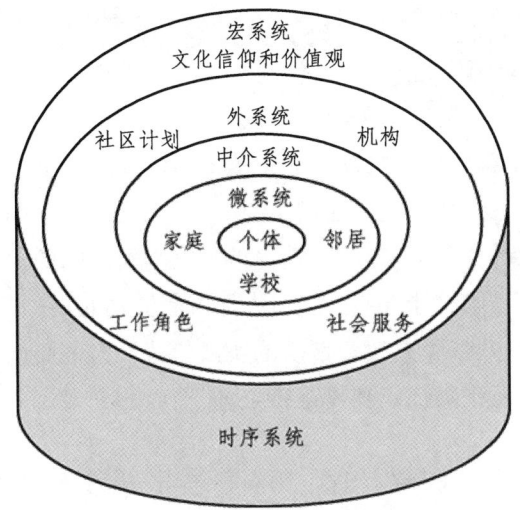

图 3.1 布朗芬布伦纳的生态模型

布朗芬布伦纳的生态模型告诉我们，作为生态微系统的重要组成部分之一的家庭，它的作用和影响是非常大的。家庭作为生态微系统环境在幼儿早期教育中的作用与婴幼儿的年龄成负相关，即婴幼儿年龄越小，所处的微系统和环境对之的影响就越大；同时，中介系统作为外系统与微系统的联接，体现了外系统与微系统的互动质量。社区早期教育服务需要各方主体加强交流互动，家庭与邻居之间的互介系统产生的互动效果直接影响社区 0~3 岁儿童早期教育的服务质量。

概况而言，在社区治理实施过程中，将社区治理理论、新公共服务理论和行政生态学理论引入到社区 0~3 岁儿童早期教养服务模式创建中，这启示我们：社区早期教育服务模式的创建需要各类组织、单位与个人共同合作，需要作为社会治理的主体共同参与社区治理，在社区资源整合过程中实现社区管理由单一主体向多元参与转变，从而为探索社区 0~3 岁儿童早期教养服务模式构建提供新的理论视角。

第四章　模式创建典型案例

基于社区 0～3 岁儿童早期教养服务模式创建以成都市锦江区东光街道树基家庭教育服务中心（树基儿童生活馆）的"基于街道和社区的 0～3 岁婴幼儿及家庭公益普惠早期教育服务模式"、宜宾市鲁家园幼儿园的"基于公办幼儿园推进 0～3 岁婴幼儿早期教养指导模式"和成都市蒲江县北街幼儿园潭河社区的"依托 0～3 早教资源提升带养人教育素质的实践模式"为主要调查对象，同时在成都一二三圈城展开现状调查，其显著特点如下：

一、依托政府，探寻社区"0～6 岁早期教育公益+普惠+家庭教育与社区教育互动模式"创建

成都市锦江区东光街道树基家庭教育服务中心（树基儿童生活馆）在"基于街道和社区的 0～3 岁婴幼儿及家庭公益普惠早期教育服务模式"研究中立足于社区，大力整合社区内政府、企业、媒体等各种有效资源，构建机构、家庭、社区多位一体的早期教育网络，以社区为依托积极进行健康早期教育市场及服务的服务模式，首先，结合高校资源，协助建立早期教育科研基地，指导实践性课题研究，用科学理论指导教育实践，制定 0～3 岁儿童早期教育人才定制化培养方案，专业学生作为志愿者参与社区调研或早期教育服务，并邀请高校早期教育专家针对社区 0～3 岁婴幼儿家庭养护人实施科学育儿讲座等；其次，借助成都市婴儿保教行业协会与四川省早期教育行业协会会员单位资源，积极利用其平台及影响实施早教行业的质量推进策略；再次，可利用成都精神文明热线 96110，每周一次，送早期教育服务进社区，实现全成都市范围内的早期教育公益服务模式；最后，充分利用电视台、电台、报刊等媒体，让媒体发声，让公益普惠早期教育面向更多的受众群体，线上、线下全面有序地立体推进"基于街道和社区的 0～3 岁公益普惠早期教育服务模式"的有效探索。

在此基础上，树基教育集团注重"政府主导、计生牵头、部门联动、社会参与、机构共建、资源共享、家庭响应"的沟通联动机制的建设，积极打造"家

门口"的社区公益普惠性的家庭综合发展服务机构，以"助推教育均衡"为己任，提升学前教育品质，示范、引领、实现"优质教育满覆盖"，一方面，探索与街道及社区联动的多种模式，搭建机构、家庭、社区多位一体的早期教育网络和管理体制，构建树基—家庭—社区育儿共同体；另一方面，提供满足儿童成长的多层次需求的早期教育和多种服务，把科学系统的早教内容及专业机构引入家庭生活，探寻"0～6岁早期教育公益+普惠+家庭教育与社区教育互动模式"创建，树立成都首屈一指的0～6岁一体化亲子教育优质口碑和品牌效益，建立"一个综合性窗口+特色性多点位"的战略联动发展布局，构建从中心点向周围持续辐射、以点带面、以面助点的网状、模块式发展态势，着力提升学前教育品质，示范、引领、实现"优质教育满覆盖"，有效争取、充分利用合作方资源及优势，增强和政府的黏合度，以更加科学、专业、有影响力的公众形象和方式深入家庭，在基于社区的0～3岁儿童早期教养服务模式方面迈出了社区公益普惠和市场行为相结合的实践步伐，为社区公益普惠政策的进一步实施提供了一定的借鉴与启示，但面对社区早期教育需求日益多元化的现实问题，社区专业早期教育机构如何贯彻"公益普惠"原则，如何确保社区0～3岁儿童及其家庭早期教育服务的专项经费保障，形成经费投入的长效机制将是基于社区的0～3岁儿童早期教养服务模式和国际友好社区项目打造的瓶颈所在。

二、"托幼一体"的公办幼儿园立足社区推进的早教指导服务模式实践

宜宾市翠屏区鲁家园幼儿园在"基于公办幼儿园推进0～3岁婴幼儿早期教养指导模式"研究中积极推广"托幼一体"的公办幼儿园立足社区推进的早教指导服务模式，有效促进孩子的全面发展，追求"均衡、平等"的教育理念，依托公办幼儿园自身优势，积极参与、整合资源，亲自践行《幼儿园教育指导纲要》要求："充分利用社区的教育资源，引导幼儿适当参与社会生活，丰富生活经验，发展社会性"，全面促进社区0～3岁儿童教养的服务模式。

为此，宜宾市翠屏区鲁家幼儿园以公办幼儿园立足社区推进的早教指导模式探索之路充分借助公办幼儿园对"0～3早教指导推进模式"调查研究，全面分析公办幼儿园社区早教指导活动开展的现实情况，在《0～3岁婴幼儿教养指导方案》、教育学、婴幼儿心理学等理论指导下，开展多种形式的早教指导实践，一方面，提高0～3岁儿童家长科学育儿的能力，提升家长的教养水平，促进婴

幼儿的健康发展，另一方面，通过课题研究，使参研教师更深刻理解把握早期教养指导思想，提高早教指导水平，促进其专业素质的提升，以促进公办婴幼一体化示范幼儿园在社区成为早教实施的主体，发挥专业示范辐射作用优势，依托社区，面向家庭，开展综合早期教育服务的专业发展，整合和协调各方面力量和资源，为社区未入园婴幼儿及家长提供教育资源，帮助家长提升教养能力，探索婴幼一体化社区早教指导模式，为更多类似公办幼儿园、早教中心、亲子园0~3早教指导提供实际的参考和借鉴，促进公办幼儿园立足社区推进的早期教养指导服务模式的实践探索。其间，课题组探索实现了两个转向，一是在早教指导服务的对象由以往的主要面向婴幼儿的"早期教养"转向面向家长的"早期教养指导"；二是在早教指导理念上，由以往的主要侧重"早教指导"转向注重"早教指导和服务"，在这两个转向中始终坚持家长主体原则、平等互动原则、个性化指导原则和整体性原则，促使家长指导服务工作能够凝聚家庭、社会、幼儿园合力，充分利用社区、大众传播媒介的资源优势，形成全社会重视家长指导工作的整体氛围，与此同时，立足公办幼儿园，基于社区的0~3岁儿童早期教养服务模式以四类活动形式有序开展，营造温暖、和谐、宽松的社区0~3岁儿童早期教养氛围，通过亲情式的服务性活动、手拉手的开放性活动和心贴心的参与性活动架起了幼儿园与家庭建立起互动的桥梁，为家长提供专业支持，一定程度上增进了幼儿园、家庭、社区之间的友谊和交流，提升了社区家庭科学育儿水平。

在具体实施过程中，宜宾市翠屏区鲁家园幼儿园严格把握社区0~3岁儿童早期教养服务模式的制度保障、师资保障和经费保障，赢得翠屏区政府和教育主管部门的高度重视和支持，以家庭为基础，以翠屏区幼儿园为主体（核心），以北城社区为依托建立早教共同体，为社区早教服务指导不断注入新的活力。但如何建立早教指导评价机制，进一步加强政府对社区早教指导工作的有效领导，加强各部门的协作，实现基于社区的0~3岁儿童早期教养服务模式，并建立科学合理的运行机制与管理网络，还需要进一步的研究与探索。

三、创建以农村社区公益早教服务提升其带养人素质模式

成都市蒲江县北街幼儿园潭河社区在"依托0~3早教资源提升带养人教育素质的实践模式"研究中，根据对蒲江县农村城镇化发展的趋势和对婴幼儿带养人素质的调查分析，了解到提升0~3岁儿童带养人的素质是推进城镇化进程的重要内容，也是塑造城镇现代文明生活的迫切需要，课题组依托北街幼儿园

在白马新村设立了第一个公益早教点，随后在社区教育学院的牵头联系下，取得了乡政府的支持，先后西来两河逸园、寿安五会村陆续建立了公益早教点，并每周到公益早教点开展一次公益早教活动，以0~3岁儿童为切入口，抓住0~3岁儿童带养人的需求，以早期教育活动为载体，探索婴幼儿→家长→家庭→社区→社会的社区教育模式，以"早教+社区"的新模式来提升婴幼儿带养人素质，让家长和孩子都作为课题的研究对象，有针对性地开展相关活动，通过"教育一个孩子，带动一个家长，改变一个家庭，辐射一个社区，影响整个社会"来整合社区资源，促进0~3岁儿童全面发展的同时，适时优化家长的科学育儿水平，提升其教养素质。

这种充分依托0~3早教资源，以农村社区公益早教服务提升其带养人素质的新模式很快在乡邻间得到推广，惠及更多的婴幼儿家庭，课题组在此基础上展开了成都市"十五""十一五"关于社区0~3岁儿童早期教育系列课题研究，逐步将婴幼儿及其带养人一起作为研究对象，随着课题研究的不断深入，尽管早教活动对社区0~3岁儿童带养人素质的提升取得了显著效果，但尚存在部分家庭知晓度不高、政府相应资金投入不足与有关政策落实不到位的情况，期待政府部门能出台相应政策作后续支撑，以早教基地园区为中心，与各托幼园所、社区相结合，开设更多普惠性、公益性早教机构，服务更多0~3岁儿童家庭，有效促进农村地区基于社区的0~3岁儿童早期教养服务模式工作。

这三种基于社区0~3岁儿童早期教养服务模式的创建过程如下：

第一节　公益普惠早期教育服务模式

——以成都市锦江区东光街道树基家庭教育服务中心
（树基儿童生活馆）为例

一、背景与意义

（一）理论背景及意义：社区学前教育

1. 发展社区早教事业是建设小康社会的需要、是提高人口素质的需要、是社会转型期家庭教育发展的需要

社区是社会的细胞，对生活在社区的人们来说它的作用非常重要。"社区"

一词最早是由德国社会学家滕尼斯（F. Tonnies）于 1887 年提出。目前有关社区的定义已 150 余种，其中，社会学理论工作者一般倾向于认为：社区是由生活在一定地域范围内的人们所形成的一种社会生活共同体。有人说，社区是人生的驿站，社区是生活的港湾，社区是城市发展的标志，人除了在工作单位，大半时间是在社区度过的。

学习型的社区对于培养造就现代人意义特别重大。1918 年，美国学者合钦斯在《学习社会》一书中最早提出学习型社会的设想。1972 年联合国教科文组织在《学会生存》宣言中，强调应努力构建一个学习化社会，紧接着，日本、美国等国陆续提出"迈向学习型社会"。

学前儿童是社区人口的组成部分，其教育是社区建设的一项重要内容。社区学前教育就是社区内为 0～6 岁学前儿童或全体居民设置的教育设施和教育活动，是多层次、多内容、多种类的社会教育。社区早教是以婴幼儿为对象，以家庭为基础，以社区为依托的区域性教育，它有别于传统的以校为本，以学习教育为中心的教育模式。

随着社会的发展，经济的进步，构建终身教育体系，建立学习化社区，已成为教育发展的必然趋势，早期教育是基础教育的基础，普及早教工作，提高 3 岁以下儿童受教育率与家庭科学教养水平，直接关系到我国未来人口素质的提高。

我国政府越来越重视学前儿童的教育问题，将它置身与终身教育体系中，从过去主要发展 3～6 岁幼儿的教育向下延伸至 0～3 岁婴幼儿的教育，在经济发达地区探索社区学前教育的模式，积极推进 0～6 岁儿童教育社区化，以改变我国 0～3 岁婴幼儿教育与 3～6 岁儿童教育脱节、0～3 岁婴幼儿早期教育比较薄弱的状况。

2. 幼儿园作为学前教育的正规机构，教育资源向社区辐射和延伸，使社区每个儿童都能享受平等优质的早期教育的权利，是幼儿园义不容辞的责任和义务

教育是一个复杂的系统过程，社区教育作为一种新的教育观和教育组织形式，在我国于 20 世纪 70 年代末萌芽，社区教育曾被简单地理解为校外教育。长期以来，我国社区教育偏重于理论的研究，实践刚刚起步，而幼儿园主要针对 3～6 岁儿童，且普遍只注重本园幼儿的教育，极少关注社区儿童的家庭教育。社区机构普遍不重视早期教育，社区中的 0～6 岁儿童的家庭极少得到专门机构的教育指导，0～3 岁婴幼儿科学教养、特殊需要的儿童早期干预、流动人口子

女的教育的问题更是刻不容缓。如何突破原有的办园理念和模式，探索适应新时期符合中国特色的学前教育机构发展目标、课程模式，是专门的学前教育机构面临的新挑战！

幼儿园作为早期教育的正规机构，有着师资、场地等诸多的教育资源优势，支持和关注社区早期教育，使社区每个儿童都能享受平等的早期教育的权利，是幼儿园义不容辞的责任和义务。《幼儿园教育指导纲要》明确指出："幼儿园应与家庭、社区密切合作，综合利用各种教育资源，共同为幼儿的发展创造良好的条件。"可见，充分利用幼儿园在社区早期教育服务中的作用，开展以幼儿园为中心的社区早期教育，优化教育影响、减少教育浪费、提高社区儿童家长科学教育幼儿的素质与水平，加强家庭对儿童潜能开发及教育过程中的正面效益，面向社区，充分发挥幼儿园在社区早教服务中的作用，具有一定的现实意义和指导意义。

3. 我国城市社区学前教育的发展现状：发展社区早期教育已是大势所趋、刻不容缓

随着教育改革的不断深入，幼儿园教育改革的总目标确定为"为0~6岁儿童和家长提高早期保育和教育服务"（《关于幼儿教育改革与发展的指导意见的通知》）；"幼儿园应充分发挥自身教育资源为社区服务"（《幼儿园工作规程》）；"幼儿园教育要与0~3岁儿童的保育教育相衔接"（《幼儿园教育指导纲要》）。

目前，我国对城市社区学前教育的研究尚处于探索阶段，要实现上述目标，还面临着很多的困难和挑战：城市社区学前教育管理区域性发展不均衡；城市社区早期教育基地少，教育资源短缺，尤其是吸纳低收入和流动人口家庭婴幼儿的学前教育机构严重缺乏，0~3岁儿童接受早期教育的需求还得不到满足；政府对亲子机构投入的经费严重不足；一些私立亲子教育机构存在诸多问题……

针对以上存在的问题，我国在各种教育政策法规中愈趋突出和强调学前教育同家庭、社区教育的结合沟通，并从行动上大力推进。1998年，教育部基教司组织哈尔滨、沈阳、青岛、广州等9个城市进行了以社区学前教育发展和管理机制为重点的试点工作。上海市于2001年开展国家哲学社会科学规划"十五"重点课题"0~3岁婴幼儿早期关心与发展的研究"，社区学前教育社会化的探索走在了前列；广州、青岛等地也较早启动了以社区为基础的面向0~3岁幼儿的

科学育儿项目；北京随后也启动了此项工作，于2001年6月通过全国第一部地方性法规——《北京市学前教育条例》，将北京人受教育的法定年龄从3～6岁向下延伸至0岁，标志着社会教育理念的重大突破。

社区早期教育在我国已经呈现出蓄势待发的势头，发展社区早期教育是大势所趋、刻不容缓的一件事情。

（二）现实背景及意义：0～3岁婴幼儿公益普惠早期教育

随着人民生活消费水平的提高以及社会竞争的日益强烈，新生代父母对下一代培养的意愿和观点也越来越强烈，众多的科学研究和实践又都证实了三岁前早期教育对孩子未来一生发展的具有至关重要的作用，怎样让孩子成长和成才，如何对0～3岁的孩子进行教育，成为家长和社会越来越关注的问题，这也让婴幼儿早期教育行业被誉为"永远的朝阳行业"，并使得中国当前早教市场风生水起，呈现出多种多样的态势。

1. 0～3岁婴幼儿及其家庭的早期教育

（1）早期教育市场需求量仍处于黄金时期。

早期教育经过十多年的发展，在中国得到年轻家长们的高度认同，这些家长都有在三岁前让孩子上亲子课的良好意识和观念。再加上当前"二孩政策"全面开放，新一轮的早期教育需求和热度再次点燃。

（2）早期教育现状仍显混乱，缺乏标准和监督管理，存在众多隐患。

根据数据统计，我国接受系统正规亲子教育的孩子，仅仅不到1%，不是因为没有意愿让孩子接受亲子教育，而是因为现阶段的早期教育良莠不齐，在课程开发、家长指导、宝宝活动方式、收费等诸多问题上缺少行业标准及规范化管理，往往在课程学习、安全、食品、卫生、消防等方面存在着诸多安全隐患。早期教育成了一种奢侈品，且缺乏长期性和系统性。如就课程来看，常常打上国外的旗号（实际上不一定存在），向家长推销昂贵的婴儿用品和学习用品。

同时，政府缺乏相应的教育投入，没有针对0～3岁儿童教育制定相应的课程标准。早期教育属于基础教育，本应是社会的福利事业，但是因为各级政府的投入不足，除了北京、上海等大城市已经出台相应的社区早教指导办法和课程标准外，很多城市在这方面的政策还是空白。随着广大家庭对婴幼儿教育投入的增加，教育观念也日益与国际接轨，这就需要高质量的早教为之服务。然而由于缺乏政府的科学引导，早教市场变成了暴利行业，高昂的学费和眼花缭乱的课程成了家长盲目教育投资的重灾区。

（3）家庭养育者缺乏科学育儿的方法指导，"家门口"早期教育需求突出。

0~3岁儿童的双亲大部分是"80后"甚至"90后"的独生子女，自身独立生活能力不强，且忙于工作，隔代教养的现象相当普遍。由于祖父辈过渡溺爱孩子，凡事喜欢包办代替，致使孩子丧失动手机会，生活自理能力下降，依赖性强。同时，这些孩子由于缺乏同伴，极易导致常见的性格缺陷，如"任性""爱发脾气""不尊敬师长"和"不团结合作"等，不利于他们的健康成长。因此，各大商场各类早期教育机构林立，一到周末年轻父母争先恐后送孩子去学去感知。然而，教育是有时机的，特别是早期教育需要日常化。通过树基前期所做的《成都市0~3岁家庭早期教育观念及现状》的调查数据显示，93%的家长都希望自己家门口（社区内）就有一个早期教育中心，这样将会大大节省出行成本和人力成本，也更能有效地让孩子和家长长期接受早期教育。

2. 0~3岁婴幼儿及其家庭公益普惠早期教育

教育部印发《国家教育事业发展第十二个五年规划》明确提出："依托幼儿园，利用多种渠道，积极开展公益性0~3岁婴幼儿早期教育指导服务。"针对0~3岁的早期教育，首次提出"公益性"的发展方向，这在早教机构快速增长和日益市场化的今天，具有重要的引领性作用。

随着家长对早期教育的需求日益增大，早教机构快速增长。目前，早教机构形式较多但民办居多，且随着公益普惠的3~6岁学前教育的日益普及，尤其是公办与公办性质的幼儿园增加迅速，市场化的状况有向0~3岁早教阶段转移和蔓延之势。一些民办早教机构为了迎合家长"望子成龙""不输在起跑线上"的心理，往往违背0~3岁婴幼儿身心发展规律和特点，甚至是采取有损于婴幼儿身心健康的早教内容和方式方法。因此，及早遏制0~3岁早期教育的过度市场化是当务之急。面对缺乏监管、缺乏行业标准甚至陷阱重重的早教市场，积极发展老百姓上得起、上得放心的公益普惠性的儿童综合发展指导机构，以幼儿园和社区为依托，构建早教机构、家庭、社区多位一体的早期教育网络和健康早期教育市场，迫在眉睫。

3. 基于街道和社区的0~3岁婴幼儿及其家庭公益普惠早期教育模式

《国家教育事业发展第十二个五年规划》为今后我国0~3岁婴幼儿早期教育的发展指明了方向。一些省市已经开始了依托幼儿园开展0~3岁婴幼儿早期教育的探索，甚至有些省市已经将0~6岁婴幼儿早期教育一体化或将0~3岁婴幼儿早期教育直接纳入公共服务体系的探索实践，积累了可贵的经验。

上海早在"十一五"期间就在各区县建立了早教中心或机构，全市95%以上户籍0~3岁婴幼儿的家长和看护人员每年得到4次以上有质量的科学育儿指导服务。2011—2013年学前教育三年行动计划期间，将实行对3周岁以下儿童家长每年4次以上免费的有质量的指导服务。

天津市也在2010—2012年学前教育三年行动计划中提出：构建区县政府统筹，以社区为依托，教育、卫生、妇联等部门和组织协同运作的社区早期教育服务网络。每个街道、乡镇依托公办幼儿园或社区活动中心等社区资源至少设立1个社区儿童早期教育资源中心，每年为社区0~3岁儿童家长及看护人员提供6次免费的早期教育指导服务，不断提高家长的科学育儿能力。

此外，还有一些省市在学前教育三年行动计划中提出了0~3岁早期教育发展的公益性举措。如福建要求各级示范性幼儿园均应成为社区早教指导中心，提高0~3岁儿童家长及看护人员科学育儿能力和水平。重庆提出建立婴幼儿早期教育指导服务中心，为家长提供公益性早期教育指导服务。

随着学前教育三年行动计划的完成，越来越多的地区开始依托建立社区早教中心等多形式的公益性0~3岁早期教育探索，为家长提供科学育儿指导。

根据国家和教育部的政策和其他地区对公益普惠性早教的探索经验，针对目前成都婴幼儿教育市场对"家门口"的早教需求及现有模式的弊端，如何把科学系统的早教内容及形式真正引入社区家庭生活，真正实现专业化、公益化、便民化？如何提供满足儿童成长的多层次需求的早期教育和多种服务模式？这些问题都值得进一步思考。整合亲子教育市场，早教进幼儿园，早教进社区，或在社区内建设亲子中心，切实解决家长和孩子的早教需求，让所有的儿童和家庭享受到优质的亲子教育，将是大势所趋。

当前，四川省及成都市各相关部门政策的倾斜和支持，特别是四川省及成都市早期教育行业协会的成立，为依托街道和社区实施0~3岁婴幼儿早期教育服务模式的推广提供了更宽广的平台和可能。

二、创建过程

（一）实施地域和对象

重点探索基于所处街道和社区展开早期教育的普及和推广，以及和街道、社区联动实施推进的方式。

以成都市锦江区东光街道（11个社区，永兴、东光、东湖、锦华、翡翠、新莲新、东怡、观音桥、北顺、绿岭、东润）为主要实施地域，借助成都市精神文明办96110便民服务热线的力量，成都市婴儿保教行业协会和四川省早期教育行业协会会员单位，以及四川省教育厅重点委托课题研究基地、四川省早期教育示范基地等身份，进而向整个成都市、四川省，乃至全国各地的0~3岁婴幼儿以及家庭、0~3岁婴幼儿看护人、孕妈妈、特殊儿童、早期教育行业从业人员、教师、管理者、研究者等实施社区公益普惠早期教育与发展的示范指导服务与支持，并进行服务模式和引领。

它不仅提供儿童保育和教育方面的各种服务，而且还应家长的需求提供职业技能培训、工作介绍、继续教育及其他家庭支持服务。这是一种"两代之间"（inter-generational）的服务，即成人和儿童在同一机构内、同一时间、各自获得需要的服务，有效地解决了成人在育儿和自我发展之间的矛盾。这也是一种一站式（one-stop）的整合性服务，即家长和儿童的诸多需求在早期儿童服务机构这一站就能得到满足，为家长和儿童提供了便利。

（二）实施推广途径

构建"社区—家庭—树基"三位一体的早期教育服务网络，建设"政府主导、计生牵头、部门联动、社会参与、机构共建、资源共享、家庭响应"的沟通联动机制。

（1）利用服务中心自媒体，如微信平台、宣传手册、DM单等进行宣传推广。

（2）媒体参与及宣传。

（3）与街道、社区联动，将早期教育纳入社区教育计划，作为重要内容和成果进行推广。

（4）利用成都市精神文明96110便民服务热线深入社区推动宣传及实施活动。

（5）利用行业协会平台及影响实施行业宣传推进。

（6）利用省级示范基地平台及影响实施更广阔领域内的辐射和引领。

（三）实施内容

提供多种早期教育"服务"而非单纯的早期"教育"从社会整体利益的高度关注0~3岁婴幼儿的教育，这就需要将提供给散居婴幼儿及其家庭的早期教育活动应定位于"服务",而不仅仅是"教育"。"服务"的理念还体现在"需要的满足"上,其出发点不是要去教育儿童和家长,而是强调主动地、及时地、有针对性地去满足儿童和家长的个别化需求,通过与家庭的沟通、商议及时根据家庭需要调整服务内容。

作为首创的"家门口"的公益普惠性0~3岁婴幼儿家庭早期发展支持与服务机构,树基家庭教育服务中心(树基儿童生活馆)为辖区0~3岁婴幼儿家庭提供周一至周六、平时+周末、祖辈+父母、教师组织+亲子自主、集体活动+自主探索、主题活动+特色沙龙、亲子探索+精品托班、早期教育指导课程+家庭式生活环境探索活动+创意生活体验活动、课时制+半日制+全日制早期教育托儿或亲子指导服务等"全时段、全方位、立体式"满足0~3岁家庭早期成长与发展需求的服务内容和体系。

(1)早期教育示范指导与支持服务:半日探索、早期教育指导课程、周末特色主题活动。每人每年不少于12次,周一至周五:上午9:30-11:30,下午3:30-5:30,中心。

(2)养护人早期教育指导与支持服务:孕妈妈、看护人。每人每年不少于2次,周末,中心。

(3)特殊儿童早期干预服务:托管融合服务。每人每周不低于1次。平时,中心。

(4)早期教育宣传指导与支持服务:入户、社区、96110便民、亲子活动、文化茶馆、宣传册、网络。每月不少于1次,不定期,社区。

(5)早期教育行业示范及服务模式服务:参观、示范、指导、培训。不定期,中心。

(四)研究主要内容

(1)社区早期教育现状与需求的调查研究。

(2)国内外已经开展的社区学前教育及公益性早期教养指导形式的总结研究。

(3)多元化、多渠道的创新性社区公益普惠市场服务模式运作实践研究和分析:充分整合有效资源,探讨新型社区早期教育服务的模式、策略和途径,如各种服务形式的特点、内容、目标,各种服务形式的环境创设、实施要求,公益普惠与市场辐射在时间、内容、方式上的有机融合等细节问题。

（4）家长对社区公益普惠市场服务模式及各种具体服务形式的满意度研究。

（5）街道和社区公益早期教育联动模式研究。

（6）各种具体服务形式的效用性研究。

（7）各种具体服务形式之间的关系分析。

（8）社区未入园特殊儿童的教育服务模式和方法研究。

（五）研究主要方法

1. 文献分析法

了解国内外社区学前教育及公益性早期教养指导和服务的情况，汲取有启发意义的工作思路与方法。

2. 调查研究法

向社区发放《0~3岁婴幼儿家庭问卷调查表》，了解社区0~3婴幼儿人数、家庭结构及对早期教育的观点、能力和需求等，收集实践探索中家长对新模式新策略的反馈和建议。

3. 行动研究法

（1）依托集团幼儿园成立"家长支持中心"，依托街道和社区成立"家庭教育服务中心"，开展各种创新性教育及服务模式的实践活动，系统开展，积累相关的方法和资料。

（2）挖掘与街道及社区高频度合作的新途径和方法。

（3）边研究边实践新模式、新方法。

4. 案例分析法

主要获悉街道、社区、家长、婴幼儿、教师、工作人员之间的互动，早期教养指导和服务的特点，社区教育的内容，公益普惠教育模式的优点与问题，进行归类分析，为每一阶段的具体模式、策略、途径的修正做好准备。

5. 经验总结法

不断将各个模式的实践经验进行总结、提炼，形成策略。

（六）模式创新

（1）以"社区为主体，树基为基础，0~3岁婴幼儿家庭为依托"的公益普惠政策与市场服务相结合的新模式探索研究本身就是一种大胆的创新。

（2）"社区—家庭—树基"三位一体的早期教育服务网络的构建，"政府主导、计生牵头、部门联动、社会参与、机构共建、资源共享、家庭响应"的沟通联动机制的建设。

（3）为社区公益普惠政策的实施提供启示。

（4）对社区公益普惠和市场行为相结合的实践有重要的借鉴价值。

（七）组织过程

在街道、社区支持的基础上，我们选择"基于街道和社区的0～3岁公益普惠早期教育服务模式"来进行探索，以期达到以下目标：

1. 研究总体目标

（1）打造"家门口"的社区公益普惠性的家庭综合发展服务机构，以"助推教育均衡"为己任，提升学前教育品质，示范、引领、实现"优质教育满覆盖"。

（2）探索与街道及社区联动的多种模式，搭建机构、家庭、社区多位一体的早期教育网络和管理体制，构建树基—家庭—社区育儿共同体。

（3）满足成都市乃至四川省婴幼儿教育市场对"家门口"的早教需求并规避现有市场早教模式的弊端，提供满足儿童成长的多层次需求的早期教育和多种服务，把科学系统的早教内容及专业机构引入家庭生活，真正实现专业化、公益化、便民化，整合亲子教育市场，把早教带进社区切实解决家长和婴幼儿的早教需求，让所有的儿童和家庭享受到优质的亲子教育，树立成都首屈一指的0～3岁一体化亲子教育优质口碑和品牌效益。

2. 研究阶段目标

（1）以"锦江区东光街道永兴社区树基家庭教育服务中心（树基儿童生活馆）"为基地，探索企业与街道合作共进，实施早期教育服务模式和社区大教育建设的共长模式。

（2）以树基"家长支持中心（幼儿园）+家庭教育服务中心（社区）"为社区公益性早期教育服务示范基地，探索社区老百姓大众消费形式的"家门口"的公益普惠早期教育服务模式。

（3）探索能全方位帮助和支持社区家庭主要养护人教养水平和技巧提升的模式和方法。

（4）探索满足0～3岁学前教育一体化市场真正需求的公益普惠早期教育市

场服务的新模式,并通过创新性的实践探索和修正,构建适宜于市场规律和需要利于推广实行的成体系的早期教育及服务的策略,树立权威专业(学术背景政府品牌)、家庭亲子同步(0~3岁婴幼儿一体化)、便民(家庭身边的专家)、公益(为社区提供资源和服务)、全面(从儿童到家庭从教育到产品)的早期教育优质口碑和品牌效益,形成可以针对母婴全方位需求进行辐射的,可复制、可推广的公益模式先导。

(5)整合资源和力量,打造能够为政府0~3岁早期教育政策制定、培训指导、标准规范等提供示范、参考和借鉴的,可进行行业推进的行业先锋。

3. 研究人员组织

负责人:

顾静(负责并主持基于街道和社区公益普惠早期教育服务模式的实践研究有计划开展)

主研人员:

(1)谢珊(负责基于街道和社区公益普惠早期教育服务模式实践研究设计、执行过程把控与总结及报告撰写等)

(2)蒋霞(协助具体落实基于街道和社区公益普惠早期教育服务模式实践研究的执行、教师及志愿者培训和管理、资料搜集)

(3)孙黎(负责基于街道和社区公益普惠早期教育服务模式实践研究相关经费的核算管理)

(4)聂万春(具体负责基于街道和社区公益普惠早期教育服务模式实践研究的对外社区联络、执行)

(5)谢鹭(具体负责基于街道和社区公益普惠早期教育服务模式实践研究家庭建卡、回访、0~3岁婴幼儿家庭个性化需求服务)

(6)刘芳、邱薇薇(具体负责基于街道和社区公益普惠早期教育服务模式实践研究社区各点位0~3亲子活动、家庭延伸活动开展)

(7)张艺兰、李昌兰、胡潇月(具体负责基于街道和社区公益普惠早期教育服务模式实践研究各点位活动的实施、个案的跟踪)

4. 研究资源整合

以"社区为主体,树基为基础,0~3岁婴幼儿家庭为依托"探索社区家门口公益普惠早期教育模式的推进，力求构建形式多样的"社区—家庭—树基"三位一体的早期教育服务网络，如形成"政府主导、计生牵头、部门联动、社会参与、机构共建、资源共享、家庭响应"的联动机制。

（1）争取政府支持。

参与行业标准制定与调整，积极建议相关部门联动成立由教育、妇联、卫生、计生等部门组成的领导小组。在领导小组的推动下，进行0～3岁婴幼儿早教服务体系的构建工作，各成员单位相互协作、各司其职，在此过程中整合各职能部门力量支持，保证公益普惠早期教育事业发展的顺利进行。

（2）制定树基发展规划。

树基将公益早期教育项目已纳入公司未来三年重点总体发展规划，形成专项经费投入的长效机制。同时，立足用好有关政策，通过多种联动、探索普惠市场服务模式探索为树基早期教育持续健康发展提供保障。

借助四川省公益性早期教育示范基地、成都市民政局培育社会组织专项资金项目的创建及实施工作，探索基于街道和社区进行0～3岁公益早期教育服务模式的多种途径和方法，帮助和支持家庭主要看护人教养水平和技巧提升，制定公益性早期教育示范基地创建标准，探索多样服务内容和模式，使辖区0～3岁婴幼儿家庭能够最大限度就近获取优质教育资源。随着公益早教项目的深入开展，加强队伍建设，建立长效的教师考核评价及专业知识提升尤为重要。一方面，加强社区早教师资队伍建设，如师资培训与业务指导；另一方面，与高校及行业协会战略合作探索0～3岁早期人才定制培养方案，共同推进0～3岁早期教育事业蓬勃发展。

（3）联动街道和社区力量。

成都市东光街道办事处及11个社区：作为社会组织，树基发挥主体作用和专业优势，充分依靠业务主管单位——街道办事处的组织管理职能，实现双向互动，社区联动，切实惠及街道0～3岁儿童家庭。

为实现"大教育全服务"，位于东光街道活动中心四楼的树基家庭教育服务中心（树基儿童生活馆），作为东光街道唯一的登记类社会组织，以生活馆为基地，以家庭为基础，以社区为依托，以内容丰富、形式多样的服务活动为载体，以贴近社区儿童早期家庭教育需求的服务为目标，发挥主体作用和专业优势，依靠街道办事处的组织管理职能，实现双向互动，切实惠及0～3岁婴幼儿家庭，对社区内 0~6 岁散居幼儿进行摸排登记，建立社区公益免费活动卡，不断完善指导对象、内容和策略。

同时，作为社区教育的重要部分，以调研、测评、亲子等活动送服务进社区，有效对居民家庭进行渗透和宣传，整合资源、社区联动的尝试迈向了新台阶。

成都市东光街道翡翠社区：2015 年 5 月正式启动尝试社区购买树基早期教育服务新模式，每周一次，是公益性社区早期教育服务服务模式的另一有力阵地（2017 年正式开启普惠模式）。

（4）整合各方资源。

合理利用各方资源，深化公益早期教育服务内涵，逐步扩大服务模式。立足于社区，大力整合社区内政府、企业、媒体等各种有效资源，构建机构、家庭、社区多位一体的早期教育网络，以社区为依托积极进行健康早期教育市场及服务的服务模式，显得尤为关键和重要。

高校：协助建立早期教育科研基地，指导实践性课题研究，用科学理论指导教育实践；制定 0~3 岁早期教育人才定制化培养方案，专业学生作为志愿者参与社区调研或早期教育服务；邀请高校早期教育专家为社区 0~3 岁儿童家庭养护人实施科学育儿讲座等。

行业协会：作为成都市婴儿保教行业协会行业协会成为副会长单位、四川省早期教育行业协会会员单位（2017 年受邀成为理事单位），积极利用其平台及影响实施行业推进策略。

企业：如奶粉、摄影、玩具等婴幼儿产品商家联动进行早期教育服务活动实施。

成都精神文明热线 96110：每周一次，早期教育服务首次作为便民服务进入社区，实现了全成都市范围内的早期教育公益服务模式。

电视台、电台、报刊等媒体：利用媒体发声，让公益普惠早期教育面向更多的受众群体，线上、线下立体推进。

三、创建成效

通过近一年的实践研究和探索，成都市锦江区东光街道永兴社区树基家庭教育服务中心（树基儿童生活馆）"基于街道和社区的 0~3 岁儿童家庭公益普惠早期教育服务模式探索"实践研究课题取得如下成效：

（一）创建策略

1. 进一步探索与街道的场地、资金、业务等各方面的合作共进模式

成都市锦江区东光街道永兴社区树基家庭教育服务中心（以下简称"树基家庭教育服务中心"），于 2014 年 3 月开始规划建设，6 月试运行，9 月正式启动，至今已运行三年多时间，是率先开创依托政府的力量对社区 0~3 岁婴幼儿早期教育实施"公益+普惠、家庭教育+社区教育"互动模式的创新试点社会组织。上级业务主管单位为锦江区东光街道，地处街道公共服务中心。

2015 年，以社会组织为载体，重点展开教育科学研究，成功获四川省教育厅重点委托课题"0~3 岁婴幼儿公益普惠市场服务模式探索研究"立项，并成为 0~3 岁儿童早期发展与教育研究中心早期教育科研基地，成为成都市婴儿保教行业协会副理事长单位。2015 年，成为四川省早期教育行业协会会员单位，并获批成为四川省首批早期教育示范基地（全省共 8 家，成都市 3 家，锦江区唯一），获成都市锦江区社会组织考核 A 级。

2016 年，经历最初的培育期，模式日趋成熟，社会反响良好，自我造血机制已形成。1 月，加入成都师范学院 0~3 岁儿童早期发展与教育研究中心"基于社区的 0~3 岁儿童早期教养服务模式研究"课题并成为子课题单位；3 月，正式开始独立核算，成为自负盈亏的经营性社会组织；5 月，获得成都市民政局 2016 专项培育资金立项。

2017 年，经历最初的培育期，服务中心模式日趋成熟，社会反响良好，自我造血机制已形成。3 月，被四川省早期教育行业协会授予"突出贡献奖""信息建设一等奖"等荣誉，并受邀成为协会理事单位。5 月，经上级业务主管单位锦江区东光街道推荐，锦江区民政与社会组织管理局专家团队历时多月的资料及现场的严格检查评审后，获"中国社会组织等级 4A 级别"证书及授牌。

（1）合作方式：社会组织和业务主管。

有着"全国社区教育示范街道"身份的"东光街道"和树基集团公司，在地域发展要求以及教育发展规划上有着共同的价值追求。因此，在此基础上，街道办事处与树基集团公司在合作共进战略共享上达成共识，成立以东光街道办事处为业务主管单位的名为"成都市锦江区东光街道永兴社区树基家庭教育服务中心"的社会组织，作为实施社区早期教育推进的主要基地，从行政干预及业务开展上隶属于街道，行政上接受街道的统一管理，业务上纳入街道社区

建设科"社区大教育"的范畴,树基作为企业提供教育专业技术设计、教育服务实施和基本运营管理。2015、2016年分别两次作为街道唯一登记类社会组织被街道举荐参与社会组织评级。

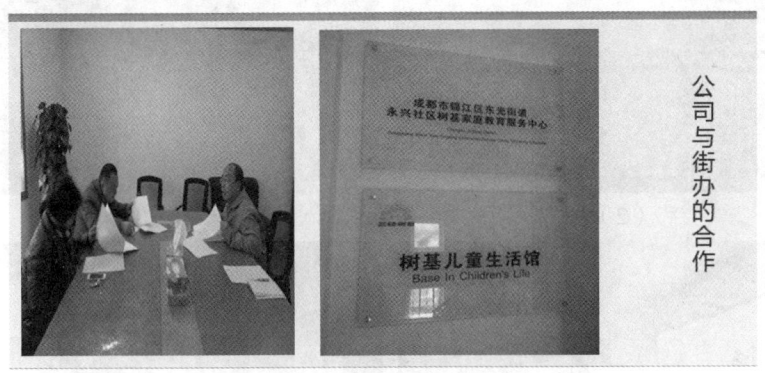

图4.1　公司与街办合作

(2)场地支持：少儿活动空间、道德讲堂、社区广场。

作为业务主管单位,街道一开始即给予了足够的场地支持,从街道腾出会议室、少儿空间等场地作为实施早期教育的专门场地,每月收取一定数额的场地租金及水电、物业管理费用,到2016年街道对树基家庭教育服务中心采取免租50%政策,充分体现了街道对社区早期教育工作推进的重视和大力支持。同时,位于场馆内的道德讲堂,在街道日常空闲的时间,为树基家庭教育服务的"家长讲座""从业者培训"等专门场所提供了保障。另外,位于各社区的社区居民广场,也为每周不定期的社区早期教育推广及宣传提供了专门的场地支持。

(1)

图 4.2　街道办提供的活动场所

（3）资金支持：社区共建。

作为街道下属的社会组织，树基积极配合和响应街道及社区的各项管理和工作，参与街道和社区组织和安排的各项活动，提供教育机构的专业支持和展示。如街道的"文化茶馆进社区"活动，社区如"六一活动""党建活动""道德讲堂""妇女节活动""端午节活动""创意跑""法律建设"等社区共建活动，社区也提供相应组织费用支持。社区共建活动的参与和亮相为早期教育的社区推进工作，提供了极好的平台。2016 年还被街道作为唯一登记类社会组织推荐参与成都市民政局培育社会组织专项资金项目评选并获 10 万元立项。

（4）业务支持：街道社建科、社区居委会主任及计生干部、志愿者。

0~3 岁婴幼儿家庭的公益普惠早期教育服务的社区推进工作，一直积极地与街道和社区互动，从最开始依靠各社区居委会计生端口早期教育宣传资料的发放到目前各社区居委会、公共服务中心互助金窗口早期教育公益服务卡的服务点位的建立，到最开始将早期教育作为"社区大教育"的主要成果的总结汇报和宣传到目前树基家庭教育服务中心点位作为东光街道社区建设三大形式之一在全国性社区建设会议上的经验总计和汇报，再到参与更多社区的居民共建，树基的社区早期教育服务推进工作，得到了来自东光街道社建科、各社区居委会主任及计生干部、志愿者的越来越有针对性和价值的业务指导、支持和协助。

（二）积极争取政府支持

1. 民政局专项资金申报

经业务主管单位的东光街道推荐，以"社区0~3岁婴幼儿及其家庭公益早期教育服务"项目参与"2016民政局培育社会组织专项资金"申报，成功获10万元立项，为更好地实施社区公益早期教育服务提供了政策和资金保障。

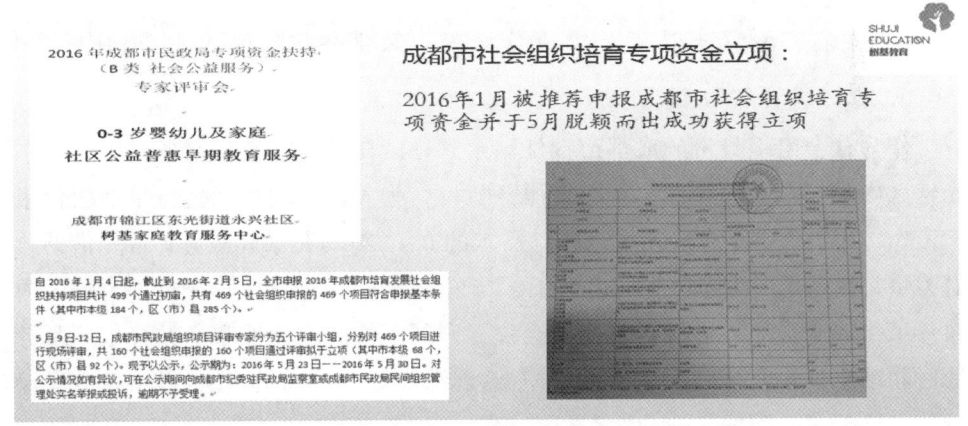

图4.3　成都市社会组织培育专项资金立项

2. 民政局社会组织评级

2015作为街道唯一登记类社会组织被街道举荐参与锦江区社会组织评级，获A级定级及2万元开办资金支持。2016年被街道推荐参与成都市社会组织评级，2017年5月，经锦江区民政与社会组织管理局专家团队历时多月的资料及现场的严格检查评审后，获"中国社会组织等级4A级别"证书及授牌。

3. 妇联"省早期教育示范基地"申报

在区妇联、省早期行业协会的推荐下，在东光街道的关注、支持和积极配合下，树基家庭教育服务中心于2015年参与申报"四川省早期教育示范基地"评选，成功获批成为首批基地，全省共8家，成都市3家，锦江区唯一，并获5万元项目实施经费支持。

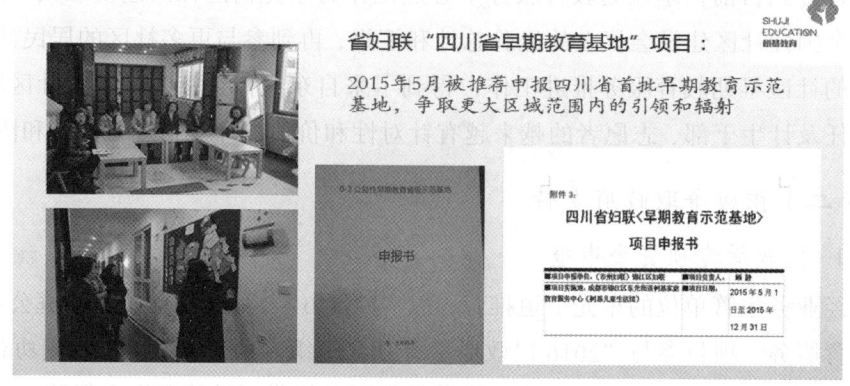

图 4.4　省妇联"四川省早期教育基地"项目

(三) 在"社区大教育"建设目标下,深化合作,深入 11 个社区

1. 社区教育联动会议

作为社会组织身份的成都市锦江区永兴社区树基家庭教育服务机中心属东光辖区内唯一一家公益性早期教育服务机构,为大力推动社区公益早期教育服务工作,为了让更多有早期教育指导需求的 0~3 婴幼儿家庭服务,首先借助政府力量,在东光街道建设科的带领下,与东光辖区 11 个社区再次携手为辖区内教育工作展开了深入的探讨与交流会议,开展了社区公益性家庭教育指导服务社区联动会议,充分利用、整合、挖掘社区资源,为家庭、儿童提供教育、保护、发展等多方面的专业化、个性化服务,并深入社区内部,定期召开服务中心的工作研究会,参与社区教育工作会议,进一步加强与社区的横向联系,多汇报、多反映、多征求意见,形成合力。

图 4.5　东光街道社区教育工作会现场

2. 社区居委会、卫生服务站以及公共服务中心互助金窗口公益早期教育服务咨询及建卡点位建立

逐步在以东光辖区为辐射圈的11个社区内建立起以家庭教育为核心的公益建卡服务点。

3. 以东光街道为中心的定期送早期教育服务进社区，积极参与社区共建活动，实施服务的同时进行早期教育理念宣传

以内容丰富、形式多样的服务活动的形式，定期实施"早期教育服务进社区"，对社区内 0~6 岁散居儿童摸排登记、公益早教宣传；建立社区公益免费活动卡，建立完善 0~6 岁社区儿童成长档案个案；早期教育现场示范、指导、咨询等服务，不断完善指导对象、内容和策略，实现最优化、最具实效性的指导。

每月月初及月末定时开展社区现场公益家庭教育服务建卡服务活动，以社区为辖区居民提供各项免费公益性活动为主导，树基承接社区活动，并负责落地实施，所开展活动均受到了社区领导的一致认可与好评。

（一）对社区内0—6岁散居幼儿进行摸排登记，建立社区公益免费活动卡

（1）

（二）社区联动，送现场示范、指导、咨询便民服务进社区

（2）

图 4.6　深入社区现场

（1）面向东光街道的社区联办便民服务活动。

该服务基于社区教育实现"大教育全服务"的工作重点，以社区为依托，以内容丰富、形式多样的服务活动为载体，以贴近社区儿童早期家庭教育需求的服务为目标，发挥主体作用和专业优势，依靠街道办事处的组织管理职能，实现双向互动，切实惠及0～3岁婴幼儿家庭。

（1）　　　　　　　　　　　　（2）

（3）　　　　　　　　　　　　（4）

图4.7　社区联办便民服务活动

（2）面向锦江区的送早教进社区服务。

该服务进一步加强与社区的横向联系，以内容丰富、形式多样的服务活动的形式，定期实施"早期教育服务进社区"：对社区内0～6岁散居幼儿摸排登记、公益早教宣传，建立社区公益免费活动卡，建立完善0～6岁社区婴幼儿成长档案个案；早期教育现场示范、指导、咨询等服务，不断完善指导对象、内容和策略，实现最优化、最具实效性的指导。

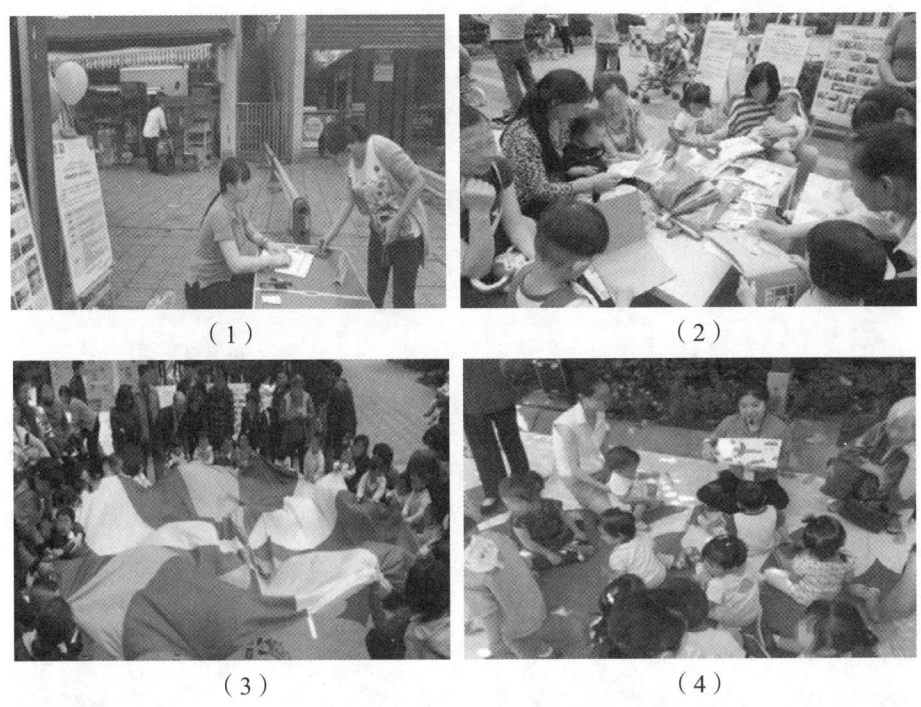

图 4.8 送早教进社区

（3）面向成都市的 96110 社区便民服务活动。

该服务为相应成都市精神文明办倡导，助力 96110 便民服务联盟，给成都市民提更全面的生活教育服务，树基公益性早期教育服务项目借力于此项便民服务，面向成都市 0~3 岁儿童家庭实施多元化的早期教育服务，并以此探索多种"公益普惠"早期教育便民服务模式，从而充实外延和内涵。截至 2016 年 12 月，携手 96110 便民服务联盟，走进社区共计 12 余次，并以"调研、咨询、亲子活动、桌面游戏、服务预约"等形式开展公益性活动。

（1）

（2）

（3）　　　　　　　　　　　（4）

图 4.9　多元化的早期教育服务

（4）面向成都市乃至更大区域范围内的大型活动。

该服务旨在整合资源，以实际行动为成都市公益教育助力，扩大公益服务的品质和内涵；探索多种"公益"便民服务模式，进一步惠及成都市各区域的居民，面向更多的家庭及区域进行多种形式的早期教育的推广和宣传，让更多的家庭参与。

（1）　　　　　　　　　　　（2）

（3）　　　　　　　　　　　（4）

第四章　模式创建典型案例 // 047

（5）

图 4.10　社区活动现场

图 4.11　社区活动 1：早期教育进社区便民服务

2016 年 2 月 17 日，为落实《锦江区在群众茶馆开展"五进四建六有"活动弘扬社会主义核心价值观的工作方案》及街道要求，翡翠社区携手树基家庭教育服务中心开展"乐享品茗、茶韵悠然"文化交流活动。

图 4.12　社区活动 2：文化教育茶馆服务

2016 年 3 月 5 日，河滨社区携手树基家庭教育服务中心"走进河滨　守望家园"三八妇女节亲子活动圆满举行。

图 4.13　社区活动 3：河滨社区"三八妇女节"

2016 年 5 月 28 日，树基家庭教育服务中心联合翡翠社区为孩子们举行了盛大的六一亲子运动会；在本次欢乐的六一活动中，我们用运动，一起感受快乐；我们用运动，一起带来健康；我们用运动，一起收获幸福！为社区家庭和孩子带去欢乐，活动有教师舞蹈，萌娃亲子走秀，还有好玩的亲子游戏，美味甜点等，为翡翠社区 0~3 岁儿童家庭组织了一场全方位快乐体验的六一盛宴！

（1）　　　　　　　　　　　（2）

图 4.14　社区活动 4：翡翠社区携手树基家庭教育服务中心开展"迎接阳光·携手竞走"五一节学习教育活动

（1）　　　　　　　　　　　（2）

图 4.15　社区活动 5：翡翠社区&树基家庭教育服务中心"六一亲子运动会"

（1）　　　　　　　　　　　（2）

图 4.16　社区活动 6：翡翠社区&树基家庭教育服务中心开展"七·一"建党 95 周年庆祝暨"两学一做"活动

为大力宣传社区公益家庭教育服务，树基家庭教育服务中心完成了宣传单、公益指导手册等宣传品的定制印刷，将馆内服务内容、时间进行公开化、透明化的展示，将科学早期教育的方法和内容多种方式宣传辐射影响到更广阔的人群。

（1）

（2）

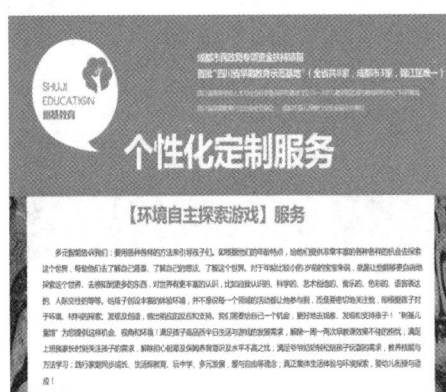

（3）

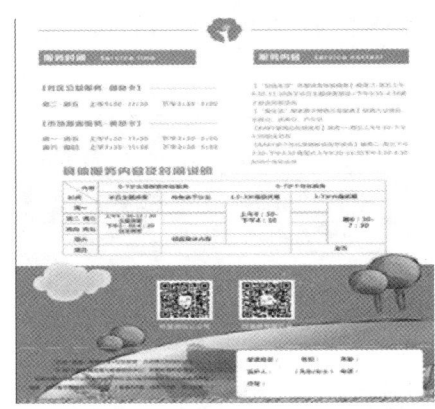

（4）

（5）

（6）

图 4.17　社区宣传

（四）以东光街道为中心，构建形成多点位服务模式的"社区生态"早期教育网络

因为服务中心（生活馆）的点位的距离，对锦华路以东的翡翠、东湖、锦华等社区以及其他片区 0~3 岁婴幼儿家庭参与公益服务的辐射相对不方便。因此，为更好地对这一片区进行辐射服务，2015 年树基家庭教育服务中心启动了多种公益普惠社区早期教育模式及点位的建设，以"网络化"的格局建立生态化社区早期教育服务点位，方便 0~3 岁婴幼儿家庭就近、多选择地参与公益服务，真正实现老百姓"家门口"的公益化、便民化、专业化早期教育服务支持体系。同时也对服务中心（生活馆）的早期教育服务宣传和展示，提供了很好的平台和辐射支持，越来越多的家庭通过这些点位的服务了解到树基家庭教育服务中心，了解到专业的早期教育，并积极地参与进来。

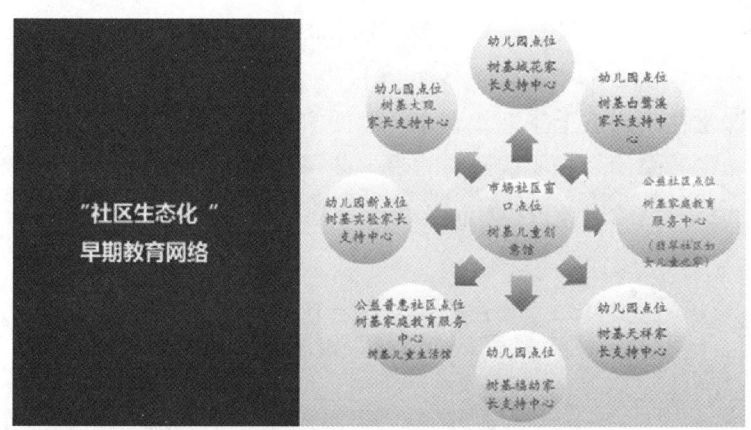

图 4.18 "社区生态化"早期教育网络

（1）

（2）　　　　　　　　　　　　（3）

图 4.19　树基儿童生活馆

1. 翡翠社区妇女儿童之家"乐享家"分中心

"乐享家"树基家庭教育服务分中心为整个翡翠社区 0~12 岁家庭提供每年 4 次的公益性家庭教育服务。0~3 岁婴幼儿的"早期教育服务指导"为其主要部分，另外一部分是 3~12 岁亲子参与的"国学课程服务"。翡翠社区乐享家之树基亲子课堂在每周五上午迎接翡翠社区的家庭，为家长和孩子送去丰富多彩且专业的亲子教学内容和家庭教育指导。除了送教外，我们也欢迎翡翠社区的家庭就近选择我们的服务点位，同样为大家提供公益性的教育服务。

图 4.20　树基家庭教育服务模式

截至 2016 年 9 月，树基家庭教育服务中心走进翡翠社区，为整个翡翠社区居民实施教学活动于 77 次，社区公益性家庭教育服务活动约 20 次，共辐射服务约 11 025 余人次。

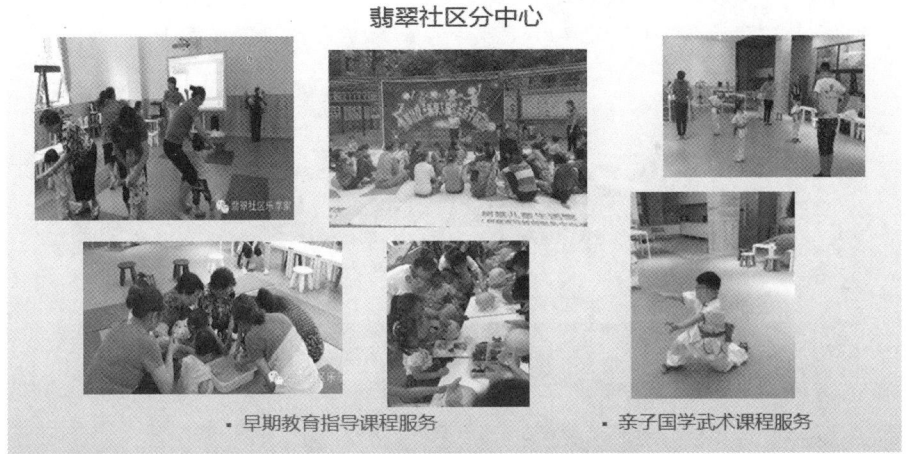

图 4.21　翡翠社区分中心活动展示

2. 树基儿童创意馆

树基儿童创意作为树基早期教育服务网络的"中心"点位为处于永兴社区的家庭教育服务中心的宣传和辐射而成立，以个性化早期教育服务展示作为主要内容，为社区中每一个 0～3 岁儿童的成长、为每一个家庭的教育需求提供最密切最同步和满足个性化的服务和支持。

（1）

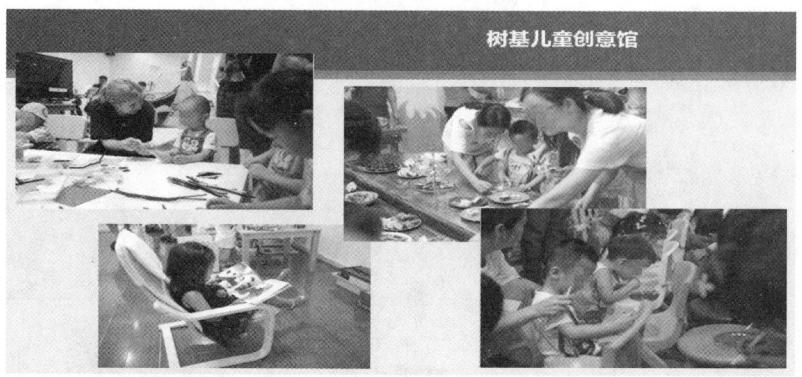

（2）

（3）

（4）

图 4.22　树基儿童创意馆

（五）进一步构建全时段、全方位，满足社区 0~3 岁婴幼儿家庭早期成长与发展需求的早期教育服务内容和体系

1. 早期教育线下咨询、示范、指导活动

（1）对辖区内 0~3 岁婴幼儿提供免费的公益指导活动服务。

为满足 0~3 岁家庭对早期成长与发展的需求，树基家庭教育服务中心提供了多元化教育服务项目。以"亲子半日制探索活动服务、婴幼儿全日制精品托班服务、亲子课时制早期教育指导课程服务"为基础，满足孩子高品质的生活与游戏的发展需求，满足家长时刻关注孩子的需求，解除担心祖辈及保姆养育意识及水平不高之忧；满足爷爷奶奶轻松陪孩子玩耍的需求，教养技能与方法学习；践行家庭同步成长、生活即教育、玩中学、多元发展、爱与自由等理念。

（1）　　　　　　　　（2）

（3）　　　　　　　　（4）

图 4.23　公益指导活动

提供免费的公益指导活动服务，旨在培养平时上班的父母指导孩子的技巧，营造亲子活动氛围。树基特色亲子沙龙活动为社区及周边区域的 0~3 岁家庭提供更多的亲子互动、陪伴的机会，开展各节日庆典、主题等特色活动。包括"拥抱大自然"的户外日、"让我们做更有信心的家长"的父母日、"金牌亲子导师

亲授创意经典课程"的主题日、"和孩子们一起为生日和节日欢呼庆贺"的庆典日、"送服务进社区和家庭零距离互动联欢"的社区日。

图 4.24　亲子活动

（2）对辖区内外 0～3 岁婴幼儿家庭看护人提供并开展形式多样的讲座及社区活动等公益指导活动。

该服务专为 0～3 婴幼儿看护人及从业者等提供专业、科学的家庭早期教育指导，让我们做更有信心的家长。

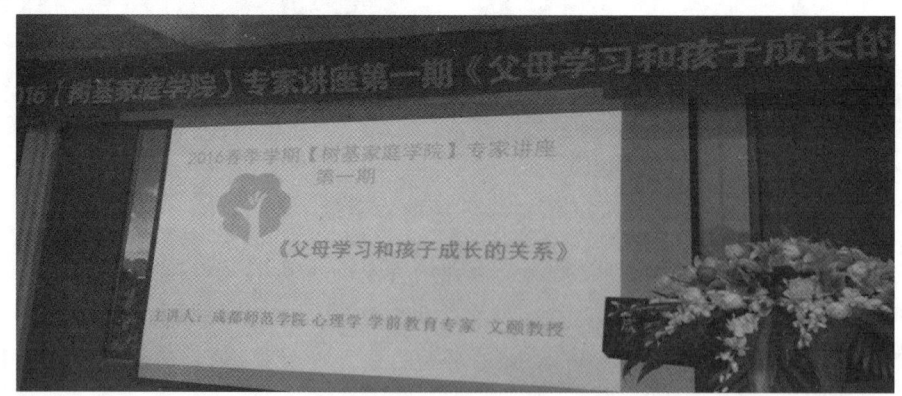

图 4.25　讲座 1：《父母学习与孩子成长的关系》专家讲座

图 4.26　讲座 2：《幼小衔接到底衔接什么？》家庭教育指导讲座

图 4.27　讲座 3：《家教家风》东光街道翡翠社区道德讲堂活动

（3）对辖区内特殊儿童长期提供每周不少于 1 次的免费融合教育与干预活动。

（4）对锦江区、成都市、四川省乃至全国的早期教育行业建设提供示范、指导和培训等服务。

2016年4月，接受"四川省早期教育行业协会"领导实地走访指导

（1）

（2）

图4.28　活动照片

为促进早期教育事业持续发展，增进交流、开拓视野，由四川省早期教育行业协会主办、树基家庭教育服务中心承办、0~3岁儿童早期发展与教育研究中心协办的"四川省早期教育服务模式及幼儿园游戏环境创设2016高级参访研讨会"在各界同仁的关怀帮助和支持下，2016年6月14日，在成都树基家庭教育服务中心正式开幕！本次研讨会集全国各地的行业人士、高校专家及名园长、特技教师等，分享教育理念、策略、方法、智慧，接触困惑、开拓视野，观摩特色环境及课程，现场交流互动，促进自身内涵发展。这是一场丰富、充实和欢乐的盛会，更是一场以模式促模式，以经验带经验，以力量传力量的盛会！对有效促进四川地域交流分享模式变革以及推动四川省早期教育事业的规范化、品质化和区域特色化等有长足的意义和价值！

图4.29　四川省早期教育区域推进及游戏环境支持参访研讨会

2016年7月27日至28日，由四川0～3儿童早期发展与教育研究中心主办、乐乎教育及树基家庭教育服务中心协办的"全国高校早教专业建设研讨会"在东光街道树基家庭教育服务中心进行。树基家庭教育服务中心负责人顾静女士基于未来发展，企业和社会现状和需求，就"关于教师培养标准"的内容向来自全国高校的专家和同行们进行了分享和交流。

图4.30　接待全国高校早教专业建设研讨活动老师、专家、领导参观和研讨

2016年8月6日，树基家庭教育服务中心负责人顾静女士参加了2016中国儿童友好社区研讨会，将"树基0～3岁早期教育社区公益普惠的服务服务模式探索模式"带到了本次研讨会上，与全国各地的行业专家、学者进行交流和分享。

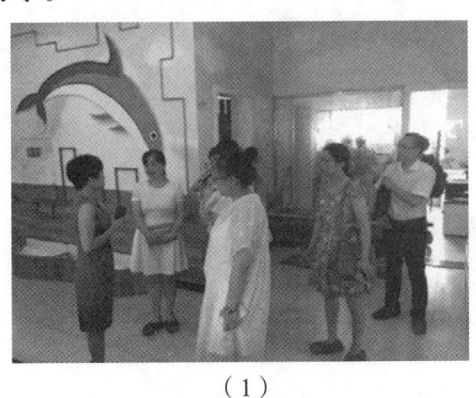 

（1）　　　　　　　　　　　　（2）

图4.31　参加全国学术论坛，研讨交流分享，积极推进社区早期教育

2. 早期教育线上宣传、咨询、示范及指导活动

（1）实现网络推送，线上互动。借助新时期平台信息功能，更直观、广泛、有效地实施项目。

结合微信公众号和 QQ 业主群、妈妈群等媒介资源，树基家庭教育服务中心充分利用多元化的方式展开社区便民服务。

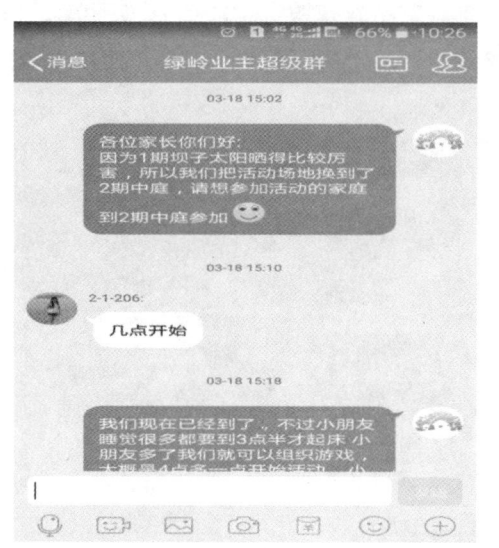
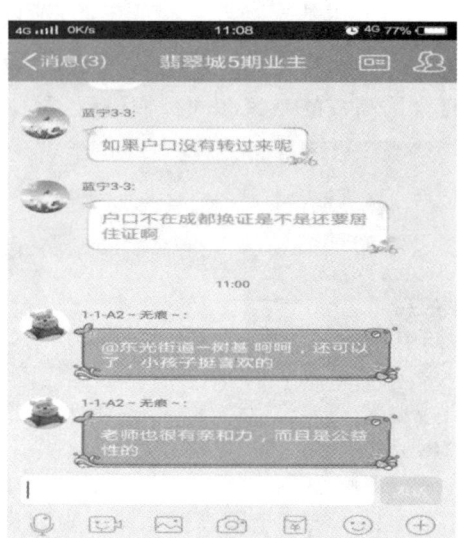

图 4.32　早期教育线上宣传、咨询、示范及指导活动

（2）自媒体线上互动、教育内容在线收听。

成立"树基魔法森林故事汇"微信群以及"树基 365 晚安绘本故事电台"，针对社区内所有爱阅读的亲子、家庭实行免费在线开放。

▪ 树基365魔法森林故事汇微信群

▪ 树基365晚安绘本故事电台

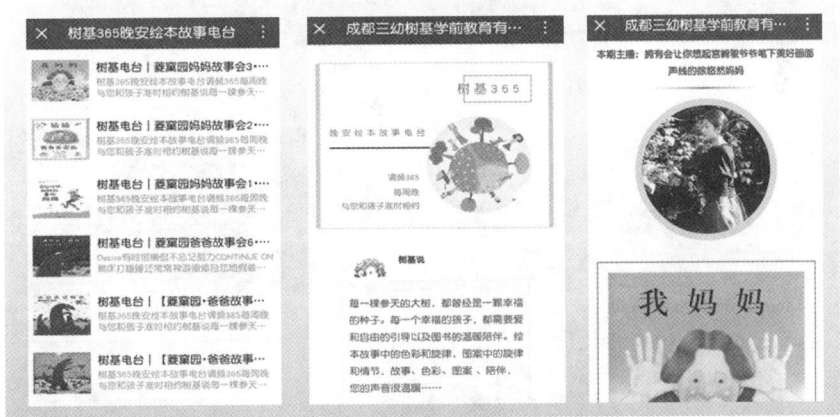

图 4.33　自媒体线上互动活动

（3）拍摄公益宣传片、教育教学宣传视频。

作为首创的"家门口"的早教社区服务机构，一直实行公益普惠性的早期教育，为更好地进行阳光公益宣传，2014 年 7 月、8 月分别两次接受锦江区有线电视台及《华西都市报》（华西网络）专题采访并播出；2014 年 12 月携手成都市精神文明办 96110 和东光街道办走进翡翠社区实施大型"暖冬便民服务活动"，并接受成都电视台 1 套、2 套及 5 套专题采访并播出；2015 年 4 月，服务中心作为我区首家 0～6 岁"家门口"早期教育"公益+普惠"政府与市场结合、家庭教育与社区教育互动的试点单位，接受成都市金牛区电视台"阳光公益"专题采访并制作播出，反响热烈；2015 年 9 月，经省早期教育协会推荐，接受《分忧》杂志专题采访，并与 12 月刊登；2016 年 4 月，0～3 岁儿童早期发展与教育研究中心专家团队到树基家庭教育服务中心进行慕课视频拍摄，将馆内教学活动进行真实性的现场抓拍，作为教学案例视频面向全国"爱课程"网展示；2016年8月，成都市卫计委选择我中心拍摄"0~3儿童健康知识宣传"片，以此将早期健康知识教育内容进行普及和宣传。等等。

 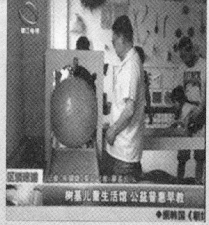  

（1）

  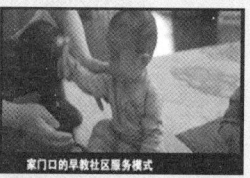

（2）

（3）

图 4.34　宣传活动

3. 优质服务推广

通过中心自身建设和规范，对中心所属 11 个社区共 1 200 余户 0~3 岁儿童家庭（其中约 140 人为孕妈妈）以及其他区域范围内的家庭、指导者、研究者实施了优质服务，社会反响良好。

截止到 2016 年 9 月 30 日，树基家庭教育服务中心东光街道中心 11 个社区共（140 余户其中 160 人为孕妈妈）提供中心内服务 518 余次，共辐射 3 950 余人次；社区现场服务 200 余次，共辐射 9 620 余人次；幼儿园家长支持中心教育指导课程服务共计 630 余次，共辐射 11 631 余人次；翡翠社区中心指导课程及活动 77 余次，共辐射 11025 余人次；每月 1 次特色亲子沙龙活动共组织共计 10 次，约 180 余组家庭参与。馆内部对外进行接待、来访及培训共计 12 次，其中，由树基组织开展的家庭、教师学院讲座 3 次，面向省内外大型早期教育服务模式研讨会 1 次（服务 409 人左右）。

（1）所做工作。

● 为区、市、省级"0~3"项目开展了提供了环境建设、设施设备投放标准方案建设标准。

● 创建了"0~3"专业教师、看护人实践培训基地。

● 发挥了航模示范作用，促进了区间早教基地的交流和学习。

● 利用互联网发挥新媒体优势，探索开创新型 0~3 岁家庭服务新体系。

（2）已开展项目。

● 多平台联动模式初探；

● 0~3 岁家庭早期教育观念及现状调研；

● 公益普惠早期教育策略、方法初探；

● 0~3 岁婴幼儿及其家庭早期教育服务实施等；

① 从数据上看。3 月以来，共开展了 72 场不同形式的活动，其中社区亲子活动 16 场、社区摆点 33 场、成都市精神文明办 96110 活动 6 场、节日主题活动 5 场、公园派单 12 场，活动执行投入人员 218 人/次；活动现场参与家庭数量 1 000 余人/次，现场辐射人群 2 000 余人/次，网络推广辐射人数 6 300 余人，其中小区业主群和小区妈妈群 4 300 余人，微信公众号辐射 2 000 人；公益卡用户新增 121 人，其中活动现场建卡 77 人，家长上门咨询建卡 44 人；普惠卡用户增加 50 人，其中新增用户 35 人，续卡用户 15 人；托管服务累计服务 11 个家庭；馆内提供各类早期教育指导服务共计 1 106 人/次，其中公益半日主题活动

354人/次，公益早教活动104人/次，普惠半日主题活动服务432人/次，普惠早教活动163人/次，初访体验服务53人/次。

②从社会及家长反响上看。特别是故事汇的建立后，影响人群、力度、好评都呈上升趋势，树基早期教育服务辐射的人群从东光街道以及周边辖区拓展到锦江区之外更广阔的区域。

③从团队成长上看。年轻的服务团队成长迅速，效果显著。

④从活动效果上看。大型活动日趋成熟、完善，策划、宣传、布置、招募、组织等环节自主性、品质感都逐步提升。

（3）取得成效及经验。

● 率先开创依托政府的力量对0~3岁早期教育"公益+普惠、家庭教育与社区教育互动模式的试点，探索服务模式和策略并形成经验，为下阶段项目实施提供了依据和动力；

● 构建多点位辐射的网络式"社区生态"教育发展格局，为自身造血弥补先天不足的缺陷以及服务模式创造了可能；

● 搭建了多方力量联动平台，在行业及市场树立了较好的口碑、形象及新风向标；

● 赢得了家长和社会的肯定，公益辐射范围广，社会反响热烈。

（4）获得多种荣誉及成绩。

（1）2014年5月，授予"0~3岁儿童早期发展与教育研究中心"早期教育科研基地，并获省级委托课题项目及自筹经费项目立项。

（2）2015年2月，被四川省早期教育协会授予"四川省早期教育协会"会员单位荣誉。

（3）2015年7月，被四川省妇联授予首批"四川省早期教育示范基地"荣誉（锦江区唯一一家）。

（4）2015年11月，获锦江区民政局社会组织考核评估2万元经费奖励。

（5）2016年1月，成为"0~3岁儿童早期发展与教育研究中心"课题"基于社区的0~3岁儿童早期教养服务模式研究"子课题单位。

（6）2016年5月，获成都市民政局社会组织培育专项扶持资金立项。

（7）2017年3月，被"四川省早期教育行业协会"授予"突出贡献奖""信息建设一等奖"等荣誉，并受邀成为协会"理事单位"。

（8）2017年5月，经上级业务主管单位锦江区东光街道推荐，锦江区民政与社会组织管理局专家团队历时多月的资料及现场的严格检查评审后，获"中国社会组织等级4A级别"证书及授牌。

第二节 公办幼儿园早期教养指导模式

——以宜宾市鲁家园幼儿园为例

一、创建背景与意义

（一）研究的背景

1. 研究缘由

（1）0~3岁儿童早期教育正在成为世界趋势，我国高度重视0~3儿童早期教育。中共中央、国务院《关于深化教育改革，全面推进素质教育的决定》中明确指出"要重视婴幼儿的身体发育和智力开发，普及婴幼儿早期教育的科学知识和方法"，《国家中长期教育改革与发展规划纲要（2010—2020年）》中也明确指出"要重视0~3岁婴幼儿教育"，将0~3岁儿童教育纳入学前教育体系，而且成为终身教育体系的开端。

（2）0~3岁儿童早期教养指导成为家长的迫切需求。当今家长对子女的教育比任何时候都倾注了更多的关怀和重视，希望对孩子的教育能从零岁开始。但是，面对0~3岁儿童的教养问题，年轻的家长因为忙碌的工作而无暇顾及，同时，初为父母的他们没有掌握系统的教养知识，导致其虽然重视但却不懂科学的教养方法。

（3）开展0~3岁儿童早教指导是幼儿园长期可持续发展的需要。我园是宜宾市唯一一所婴幼一体化全日制公办幼儿园，2013年，参与了"教育部0~3岁婴幼儿早期教育试点"项目，2016年，参与了四川省0~3岁儿童早期发展与教育研究中心重点课题"基于社区的0~3岁儿童早期教养服务模式研究"。从幼儿园长期发展来看，作为公办婴幼一体化示范幼儿园，有责任发挥专业优势，成为早教实施的主体，充分发挥示范辐射作用，整合和协调各方面力量和资源，为未入园婴幼儿及家长提供教育资源，帮助家长提升教养能力，探索婴幼一体化早教指导模式。

（4）解决我园当前在实践工作中存在问题的迫切需要。在实践研究中，我们认识到，实施0～3岁儿童早教，不仅是对儿童实施教养，更重要的是对家长进行指导，如何从"面向儿童"的早期教养转化为"面向家长"的早期教养指导，成为我园亟需解决的问题。

为此，我们希望通过本课题的研究，满足家长对早期教养的迫切需要，提升家长的科学育儿水平，探索出早期教养指导模式，为更多类似公办幼儿园、早教中心、亲子园的0～3岁儿童早教指导提供实际的参考和借鉴，促进幼儿园的可持续发展。

2. 相关研究及述评

与本课题完全相同的研究目前尚未发现。

（1）国外相关研究。

20世纪80年代，欧美、日本、东南亚等国家和地区普遍成立了专门的机构面向家庭提供服务，至20世纪90年代建立了完善的理论和服务体系，许多国家纷纷出台"0岁教育""0岁计划""0岁工程"等。如美国"早期开端教育计划"，是由政府基金资助，以社区为基础，为带有婴儿与蹒跚学步儿及怀孕妇女的家庭设置的教养方案。在早教指导方面，支持父母发挥他们养育儿童的角色，提供高质量的早期教育及支持服务、家访等。又如英国的"确保开端项目"，由英国政府发起和资助，完善社区早期儿童发展服务切入口的综合性社会改造计划；在早教指导方面，以家庭为切入口，以社区为依托，面向早期儿童及其父母的综合服务计划，旨在通过综合提供早期教育、儿童保育、健康支持等服务，改善儿童及其家庭的健康和福利状况，确保每个儿童在人生道路上都有一个好的开始。

总体来说，国外0～3岁儿童早教及早教服务有以下特点和发展趋势：（1）以婴幼儿为本，关注成长；（2）服务综合化和多元化，0～3岁儿童的教养服务方式和服务机构都十分丰富，特别重视发挥非政府机构的作用，重视家长工作，关注家长受教育和培训情况，强调社区的积极参与，调动社区一切可以调动的力量，真正做到家庭、托幼机构、社区的合作共育；（3）注重跨专业、跨领域的合作；（4）增加政府财政投入。

不可否认，国外0～3岁儿童早期教养指导的研究为我们提供了有益的借鉴，但是由于政治、经济、文化方面的差异，我们无法照搬国外的经验和研究成果。

（2）国内相关研究。

国内关于"0~3岁儿童早期教养指导"的研究不多，主要集中在以下方面：一是关于早期教养指导的策略和形式的研究。如刘丽云的《托幼一体化模式下的0~3岁婴幼儿早期教养指导》和徐小妮的《0~3岁婴幼儿早期教养指导形式初探——上海市某早期教育指导与服务中心的个案研究》，她们对早期教养指导的实施策略、不同方式开展早期教养指导进行了研究。二是对教师指导能力的研究。如刘丽云的《早教机构中教师对家长指导能力的研究——以济南主城区早教机构为例》，对早教机构中教师对家长的指导能力现状进行了调查，提出了自己的建议；冀彩虹的《早教指导教师与家长现场互动研究——以上海市某区早教指导中心为例》，对教师与家长双方应有关系以及教师应具备技能进行探讨。三是对早期教育指导体系中开展家长教育的已有优势，开展家长教育对于拓展早期教育指导工作的意义、价值的研究。如程洁在《上海市0~3岁婴幼儿早期教育指导体系中的家长教育》中，以上海市为背景，对早期教育指导体系中开展家长教育的已有优势、意义、价值及无法推行家长教育的根本原因进行了探讨。

已有的关于"0~3岁婴幼儿早期教养指导"研究成果存在以下不足：

一是研究成果少，有待于进一步研究；二是研究成果发表时间较早，近期研究不多。

值得一提的是，目前，以公办幼儿园为主体开展0~3岁儿童早教指导模式研究还没有相关研究成果，有待于我们做全面深入的研究。

3. 价　值

（1）创新之处。

① 依托托幼一体的公办幼儿园开展早期教养指导模式研究，还没有相关研究成果。

② 整合多方资源开展课题研究。

③ 多种形式的早教指导实践研究和工作推进相结合，边实践，边研究，边总结，边改进。

（2）理论意义，应用价值。

① 丰富0~3岁儿童早期教养指导的研究，促进0~3岁儿童早教的健康发展。

② 探索出公办幼儿园推进0~3岁儿童早期教养指导模式，能为类似公办幼儿园、早教中心、亲子园0~3岁儿童早教指导提供实际的参考和借鉴。

③ 能为 0~3 岁儿童家长提供科学的、可操作的育儿方法，普及科学育儿的理念，提升家长的科学育儿水平。

④ 为教师提供有效的方法和策略，提高教师早期教养和早期教养指导水平。

二、创建过程

（一）研究内容的界定

1. 核心概念界定

公办幼儿园。与民办幼儿园相对，幼儿园的一切财产均属公有，建设经费、办公经费等均为财政拨付。公办幼儿园又可细分为教办园、集体园、部门园等。本课题所指公办幼儿园是教办园，即由教育部门开办的幼儿园，一切资产归属教育部门，园长由教育局任命，各类经费由教育局拨付，具有普惠性和公益性的特点。

早期教养指导。由接受过专业培训，同时又有着丰富经验的教师，面向教养者（家长）开展的如何进行早期教养的指导活动，为教养者传播育儿知识同时提供相应的服务以及一些实践指导。

社区。指聚集在一定地域中人群的生活共同体。本课题特指幼儿园所在行政区域范围。

模式。指某种事物的标准形式或使人可以照着做的标准样式。

早期教养指导模式。指在早期教养指导实践中，为提高指导质量和效率而逐步形成的，相对稳定的，较系统而具有典型意义的，具体可操作的教育范式。

2. 研究目标

（1）开展 0~3 岁儿童早期教养指导，研究探索出公办幼儿园推进早教指导的一系列方法和策略，形成以公办幼儿园为主体、依托社区、面向家庭的 0~3 岁儿童早教指导推进模式。

（2）提高 0~3 岁儿童家长科学育儿的能力，提升家长的教养水平，促进儿童的健康发展。

（3）通过课题研究，使参研教师更深刻地理解把握早期教养指导思想，提高早教指导水平，促进其专业素质的提升。

3. 研究内容

（1）构建 0~3 岁儿童早期教养指导的基本思想和原则。

（2）开展多种形式的早教指导实践。

（3）探索总结出推进0～3岁儿童早期教养指导的模式。

（二）研究设计

1. 研究设计与流程

调查了解我区早教指导活动开展的现实情况→查阅相关研究成果→形成研究方案→在先进理论、理念的指导下，开展早教指导行动研究（遵循家长主体原则、平等互助原则、个性化指导原则、整体性原则等，主要采用行动研究法、观察法、个案研究法、调查法等）→整合多方资源，构建早教共同体，开展多种形式早教指导的实践探索→边实践，边研究，边总结，边改进→构建早教指导基本思想，探索总结出推进0～3岁儿童早期教养指导的模式→提升家长的教养水平，促进0～3岁儿童的健康发展和幼儿园的可持续发展。

2. 研究步骤

第一阶段：准备阶段（2015.12—2016.2）

（1）查阅有关资料，对课题进行立项申报论证；

（2）编制婴幼儿家长和教师调查问卷，开展问卷调查，了解教师、家长对早教、早教指导的观点和看法；

（3）成立课题研究小组，确定课题研究教师和对象，进行教师培训。

第二阶段：实施阶段（2016.3—2016.11）

（1）开展行动研究，开展不同形式的早期教养指导活动，对如何进行早期教养指导进行探索和研究，构建早教指导基本思想；

（2）做好研究的过程记录和相关资料的搜集。

第三阶段：总结整理阶段（2016.11—2016.12）

（1）整理汇总课题资料；

（2）进行研究效果分析；

（3）总结公办幼儿园社区推进早教指导的的一系列方法和策略，提炼出公办幼儿园推进社区0～3岁儿童早教指导服务模式；

（4）完成研究报告，申请结题。

3. 研究的主要方法

主要采用行动研究法、观察法、个案研究法、总结法等方法。

行动研究法。此研究方法贯穿于整个课题研究中，了解早教指导活动开展的现实情况，对不同方式的早教指导进行探索，通过"计划—行动—考察—反思—再计划—再行动—再考察—再反思"这样一个螺旋式循环过程，不断进行总结、反思、调整，推进课题研究工作。

调查法。全面了解家长教养观念、带养方式、对早教指导的需求等；了解教师对早期教养指导的认识、教养指导理念和采用的具体方法。

观察法。观察各种早教指导活动，观察家长与宝宝、教师与宝宝、家长和教师的互动情况。通过观察，了解宝宝的发展水平、家长的教养水平、教师的指导水平，验证有效的方法和策略。

个案研究法。主要在"多种形式的早教指导研究"中采用此方法，选择一些具有代表性的典型案例，进行观察、记录，并进行系统的分析，从而总结出有效的方法和策略。

经验总结法。对不同形式的早教指导活动进行分析和总结，总结出公办幼儿园推进社区早教指导的一系列方法和策略，形成公办幼儿园推进社区0~3岁儿童早教指导服务模式。

4. 研究拟达到的预期效果

（1）通过研究，形成以公办幼儿园为主体，依托社区，面向家庭的0~3岁儿童早教指导推进模式（理念、目标、原则、策略），为类似公办幼儿园、早教中心、亲子园的0~3岁儿童早教指导提供实际的参考和借鉴。

（2）通过研究，为0~3岁儿童家长提供科学的、可操作的育儿方法，普及科学育儿的理念，提升家长的科学育儿水平。

（3）通过提升家长的教养水平，让儿童接受科学早教，促进儿童健康成长。

（4）通过研究，使参研教师更深刻理解把握早期教养指导思想，掌握有效的方法和策略，提高教师早期教养和早期教养指导水平。

（5）逐步形成我园早教指导特色，丰富我园早教内容，提升幼儿园的保教质量和美誉度，促进幼儿园的可持续发展。

（6）通过课题研究，总结出我园早教指导的有效经验，丰富我市"教育部0~3岁婴幼儿早期教养试点项目"的成果。

（三）研究组织

1. 负责人：陈彬
2. 领导组：

陈　彬	鲁家园幼儿园园长	四川省骨干教师
张　敏	鲁家园幼儿园副园长	四川省中小学教学名师
蒋海鹰	鲁家园幼儿园副园长	宜宾市骨干教师

3. 研究组人员及分工

组长：陈彬　主持研究工作，负责课题的总体规划以及全面调控工作。负责研究的指导与布署、经费与保障、统筹和协调。

副组长：张敏、蒋海鹰全面负责研究的整体设计、督导及研究。负责理论培训工作，组织进行课题经验交流和课题大型活动，撰写研究方案及研究报告。

成员：

薛红：负责研究过程及管理，资料归类、整理等工作，撰写阶段研究计划与小结报告。

黄小兰：为研究提供后勤服务，收集整理汇编研究相关材料，以及资料的归类、整理等工作。

刘潇潇、詹姝、李佩妍、王璐、徐莉：负责过程研究，提供案例、观察记录、论文等资料。收集整理汇编研究相关材料，以及资料的归类、整理等工作。

三、创建成效

（一）构建0～3岁儿童早期教养指导服务的基本观点

1. 正确认识早教指导

（1）对早期教养指导服务的认识。

早期教养指导服务由接受过专业培训，同时又有着丰富经验的教师，面向教养者（家长）开展的如何进行早期教养的指导活动，为教养者传播育儿知识的同时提供相应的服务以及一些实践指导。

作为婴幼一体化的公办幼儿园，要充分认识到自身所肩负的双重责任，即对在园和散居在家庭的0～3岁儿童早期教养和对其家长进行早教指导服务，使教养向家庭延伸。

（2）认识上实现早教指导服务的"两个转向"。

在实践中我们逐渐认识到，0～3岁儿童早期教育，不仅是对儿童进行早期教养，还包括对家长进行早期教养指导。对家长进行早期教养指导，不是高高在上、俯视家长,而是平等地面向家长,为他们提供支持和服务,是服务性指导。为此,我们实现了"两个转向",在早教指导服务的对象上,我们由主要面向儿童的"早期教养"转向面向家长的"早期教养指导",早教指导的理念上,由侧重"早教指导"转向注重"早教指导和服务"。

2. 全面理解早教指导理念

儿童为本。关注每一个儿童,走进儿童,了解儿童,尊重儿童的自然发展,站在儿童的视角看世界。教师要准确把握婴幼儿生长、发育、心理发展的需求,处理好顺应、满足发展需求与适度干预之间的关系,帮助家长了解和践行以"儿童为本"理念。

关注实践。关注每一个0~3岁儿童家庭的教养生活、教养过程,强调"做中学",实践科学的早期教育。指导服务应关注家庭教养中的问题和困惑,课程内容与环境生活化、情景化,指导过程互动,体现操作性、借鉴性和实用性。

服务家庭。关注每一个0~3岁儿童家庭的不同教养需要,为每个家庭服务,面向家长,让家长伴随孩子共同成长。服务对象主要是家长,指导定位是服务性指导,服务效果最终作用于孩子。

3. 确立早教指导服务的原则

(1)家长主体原则。以家长为主体,通过指导家长来提高家庭教育的水平,通过家长来指导孩子的发展。为此,要发挥家长在教养过程中的主体作用,调动家长参与的积极性,在家长与教师的互动中、参与中指导家长理解教养理念并实践操作。

(2)平等互动原则。早教指导不是高高在上地教育家长,而是为家长提供指导和服务,指导是为了更好地服务,服务也将强化指导的效果。我们要尊重家长,确立为家长服务的观念。同时,早教指导是指导者与家长、指导者与孩子、家长与孩子互动的过程,是家长和指导者自我教育的过程,要努力创设环境与条件,让家长在参与中和互动中提升科学育儿水平。

(3)个性化指导原则。婴幼儿父母文化背景不同、带教主体不同、对儿童的教养理念不同、成长环境不同,对科学育儿指导的需求也不同。由此一定要关注到家长的不同需要,采取个别化、有针对性的指导方式。

(4)整体性原则。家长指导工作是一项社会系统工程,要坚持家庭、社会、幼儿园合力实施的整体性;同时,充分利用社区、大众传播媒介的资源优势,形成全社会重视家长指导工作的整体氛围。

(二) 公办幼儿园早教指导模式的实践探索

1. 一个框架

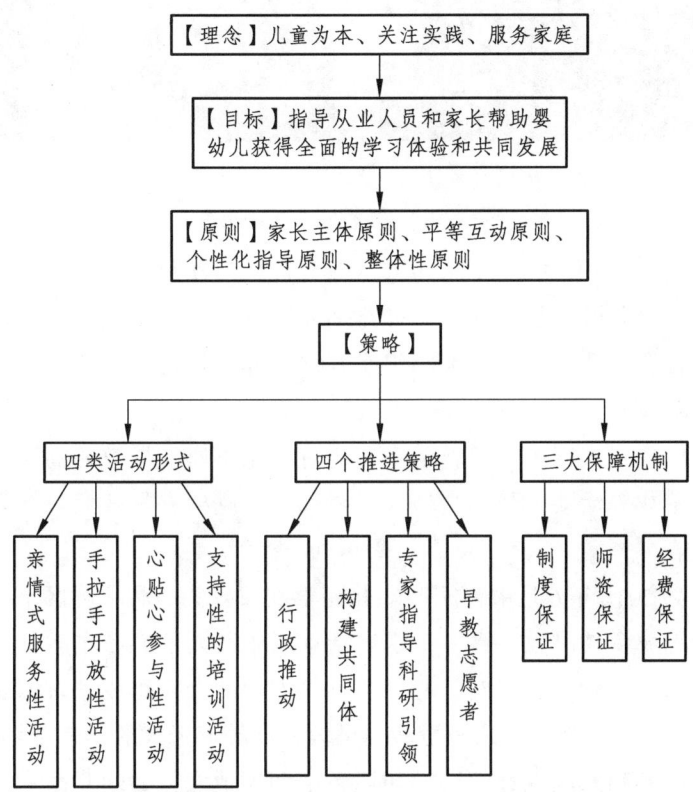

图 4.35 公办幼儿园早教指导模式框架结构

2. 四类活动形式

(1) 亲情式的服务性活动。

此类活动主要是为家长提供服务性的早教指导,包括早教进社区、上门服务、好书推荐、热线咨询等。

早教进社区。我们的早教进社区活动主要包括三类。

一类是早教"1+1"活动,即将早教服务送进社区,为家长提供咨询,提供材料、环境,组织宝宝开展活动,发放宣传资料等服务指导。

（1） （2）

图 4.36 早教进社区活动

图 4.36 为 2016 年 1 月和 2016 年 6 月开展的两次早教 "1+1" ——早教进社区活动，均由幼儿园和社区共同举办，幼儿园选派专业早教指导教师为家庭提供早期教养咨询，选派高级育婴师组织开展活动，社区联系落实活动场地，通知家庭。

一类是早教 "大篷车" 送教下乡，通过专家讲座、早教咨询、亲子早教体验课、亲子游戏等活动，帮助当地农村婴幼儿家庭树立早教意识，学习科学早教知识和技能。

图 4.37 为 2016 年 6 月由鲁家园幼儿园学前教育集团和翠屏区早期教育服务中心组织到思坡乡 "早教大篷车" 送教活动。由我园的亲子早教师、早教指导师以及市、区儿童营养、保健、心理咨询等方面的专家组成送教团队，通过开展专家讲座、亲子早教课、亲子游戏、早教咨询等多形式的早教现场指导服务，普及婴幼儿抚养和家庭教育的科学知识，帮助当地农村婴幼儿家庭树立早教意识，学习科学早教知识，让农村 0~3 岁儿童家庭能够就近、便捷地享受到公益性的早教指导服务。

（1） （2）

（3） （4）

图 4.37 "早教大篷车"送教下乡活动

一类是"早教节"集中宣传活动，主要是面向全区婴幼儿家庭，为进一步提升科学育儿指导活动的覆盖面和受益面，每年举办一次的早教大型集中宣传服务活动。活动整合优质早教资源，联动社区，对市民进行大规模的早期教育宣传与指导。首先，通过社区联动把温馨的邀请函和科学育儿资料挨家挨户地送到家长手中；其次，在小区内悬挂开展早教活动的宣传条幅，让社区的居民了解我们的活动，鼓励他们参与；再次，把活动当天驻足现场的适龄家庭吸引到活动中来。活动当天在人群聚集的广场、亲子中心、幼儿园、街头等若干活动现场同时启动亲子早教体验课、家长沙龙、亲子游戏、专题讲座、早教咨询等服务活动，广泛吸纳到市区上千计 0~3 岁儿童家庭参与，让更多的适龄宝宝家庭能够享受到优质的早教资源，让更多的城市居民了解、参与到早教的行业中来。早教节活动取得了很大的社会反响，已经成为我园最具影响力的 0~3 岁儿童科学育儿指导活动。

图 4.38　2014 年"和谐家庭 拥抱春天"　图 4.39　2015 年"手牵手 与宝宝一起飞翔"
　　　　首届早教节　　　　　　　　　　　　　　　第二届早教节

（1） （2）

图 4.40　2016 年"顺应天性　科学育儿"第三届早教节

图 4.38~图 4.40 为翠屏区教育局、翠屏区卫计办、翠屏区妇联合作，联合举办的翠屏区早教节活动，场面盛大，上千个家庭参与活动。此活动每年举办一次，有效提升了科学育儿指导活动的覆盖面和受益面，形成了全区上下共同关注 0~3 岁儿童早教的良好氛围。

上门服务。包括两类，一类是入户指导，主要针对由于种种原因，无法参与到我园集中开展早教服务活动的社区散居儿童家庭。首先，由我园早教"1+1"志愿者走访社区，与社区领导取得联系，共同配合，尽可能地搜索辖区内每一个 0~3 岁儿童家庭，确定目标；其次，指导教师通过电话、网络等形式进行前期访谈，详细询问家庭的需求和现存的问题，对每个宝宝的发展现状有了初步的了解，制定具有针对性的入户指导计划；最后，上门对婴幼儿家庭采取个别指导，为家长送去科学育儿经验，使宝宝在家也能接受科学的早期教养，并建立家庭与幼儿园亲情式的联系，形成家园互通，双向交流，使家长能随时获得我园的早教资讯。

案例：入户指导实录

时间：2016 年 12 月 8 日下午 2 点半

地点：石坝街某小区辰辰家

入户指导老师：詹老师　　助教老师：何老师

下午 2 点半，我和何老师如约来到了石坝街××××××楼辰辰家，在此之前，我们通过和辰辰妈妈通电话了解了辰辰家的基本情况：辰辰，女孩，23 个月，个性活泼开朗，手部动作的发展比较好，但手指的灵活性还不太好，需加强练习。在语言和认知方面都还不错，但对颜色的认识总是记了就忘，或是容易把颜色记混淆，需加强对颜色的认知训练。辰辰爸爸在外地工作，很少回家，妈妈虽然是老师，也知道早期教育的重要性，但平时工作比较忙，也没有太多的精力照顾孩子，大多是奶奶带孩子，因此和孩子的亲子感情并没有那么融洽。妈妈希望能通过早教老师的指导，对早教知识进行更深入的学习，增进和孩子的亲子关系。

敲门，妈妈开门，很热情地请我们进入客厅，奶奶正在哄辰辰喝牛奶，我们和妈妈、奶奶进行了交谈。

我问："辰辰每天要喝多少牛奶？"

奶奶："不一定，她想喝的时候就给她喝，不想喝的时候就不喝，她爸妈经常不在家，有时就不太听话，只有她妈妈在家时还好一点。"

妈妈："我是要求她每天早晚都得喝牛奶，但有时我工作比较忙，回家后孩子都睡了，一问，又没喝牛奶，奶奶又没办法管她。"

我告诉妈妈和奶奶："像辰辰这样两岁的孩子每天摄入牛奶的量一般在180~250毫升就可以了，只要他们平时多吃蔬菜和水果，饭吃得好，达到营养均衡就好，不一定要让孩子喝太多的牛奶。"

我出示了彩虹套塔，准备和辰辰一起玩。我和妈妈、辰辰面对面坐在地垫上："辰辰，看老师是怎么做的。"用三指捏的方式取出所有的圈圈，拿起一个红色的圈圈："辰辰，这是红色。"再拿起一个黄色的圈圈："这是黄色。"拿起蓝色的圈圈："这是蓝色。"然后请辰辰指认出红、黄、蓝三种颜色。并从众多的圈圈中找出最大的，逐一套在塔柱上。我告诉妈妈注意事项："在孩子玩套塔时，我们要观察孩子是否会三指捏的动作，是三指拿圈还是随意拿圈。观察宝宝的手眼协调能力，看其是否能将圈圈准确套入塔柱。在宝宝练习的同时，我们可以有意识地让宝宝指认红色、黄色和蓝色，让孩子认识颜色。在找最大圈的时候我们一定要提醒宝宝注意与其他圈圈进行比对，注意观察，检查是不是最大的。"

妈妈和辰辰一起玩彩虹套塔，辰辰刚开始还会配合妈妈，但到了后来就开始自己玩了起来，妈妈让她认识颜色时，她时而回答，时而不回答，而且并没有将套圈放进塔柱，而是从大到小地将套圈摆放了起来，这时妈妈一再告诉辰辰要将套圈放入塔柱，我提醒妈妈："你看，其实辰辰现在也是在对圈圈的大小进行比较排序，如果她觉得这样更有意思我们可以不用要求她一定要将套圈放入塔柱,这样也可以达到孩子比较大小的目的。"妈妈笑着说:"唉,也是啊,看我怎么没有转变过来呢!"

我向妈妈介绍了该月龄段孩子精细动作发展的情况:"12~24个月是宝宝精细动作的重要形成阶段,我们可以给孩子准备多种道具,让孩子充分利用手指做各种控制运动,如叠塔、穿珠子、拉抽屉、三指捏物品等,而这个阶段的孩子对学习充满热情,我们可以给孩子提供稍微复杂多样的活动让她去体验,给孩子提供充分的体验机会,不必局限大人的想法。"

接下来我向妈妈和奶奶介绍了一些如何认识颜色的方法:"我们可以和宝宝一起玩颜色多样的气球,当打中一个气球时,就告诉宝宝这是什么颜色的气球。还可以买多种颜色的小卡片或彩色小球和宝宝一起玩,让宝宝在玩的时候学习认颜色。在平时玩玩具或上街时,也可以让宝宝认识颜色,加深对颜色的印象。"并推荐绘本《棕色的熊,棕色的熊,你在看什么》:"妈妈可以经常和辰辰一起阅读,书中配有大大的色彩鲜艳的画面,让宝宝在阅读中不知不觉就认识了许多的动物和颜色,同时也会增进妈妈和宝宝的亲子感情。"妈妈拿着绘本,慢慢地翻阅着,辰辰也很好奇地凑过来看,还时不时地问妈妈:"这个猫猫是什么颜色。"

下午3点20分,我们准备离开了,辰辰很舍不得我们,一直要求和我们拥抱,妈妈说:"她太喜欢你们了,谢谢你们教会了我很多早教方面的知识,希望下次有机会还能向你们请教。"和辰辰一家告别,我们结束了本次早教入户指导。

活动反思:

1. 家园充分沟通和交流,做好入户指导的准备工作

要做到有目的、有计划地系统性指导,我们首先要对入户的孩子的基本情况进行了解,因此在入户的前几天,我们通过社区与家长取得了联系,了解了辰辰家庭的基本情况;通过和妈妈的交流,我们了解了辰辰的性格特点和成长发展中的不足,同时,也知道了妈妈急需专业的早教指导。

2. 深入孩子的生活中,指导无痕,处处体现专业性

为了让入户指导更加自然,亲切,指导的切入点不那么生硬,我们需要从孩子的生活细节入手,在入户的开始,我们正好遇到辰辰在喝牛奶,于是我们以宝贝喝牛奶这一事件为契机,自然地向家长介绍了该月龄段孩子的一些饮食特点,看似很随便的聊天,但从中却对妈妈和奶奶的教养方式进行了引导。接下来,我和孩子玩彩虹套塔的玩具,虽然只是简单的套放,感觉只不过是在带着孩子玩,但在玩的过程中我们有目的地让辰辰加强了手指的练习,排序、认

识颜色等，同时也让妈妈知道了如何去引导孩子，怎样有目的、有针对性地去和孩子玩，懂得了应尊重孩子的选择。特别是在针对辰辰对颜色的认知方面，我特意向妈妈和奶奶介绍了一些让孩子认识颜色的方法，还推荐了绘本阅读，这些方法对于孩子颜色的认知和增进亲子感情都很有帮助。

3. 理论和实践相结合，让家长学以致用

通过本次的入户指导，我们向家长传递了许多早期教育的理念和方法，首先，让他们了解了辰辰这个月龄孩子的年龄特点：这个年龄阶段的孩子自我中心意识明显增强，会出现反抗现象，由于动作、语言和认知能力的发展，他们需要大人更多的引导和陪伴。辰辰在玩彩虹套塔时出现了自主行为，我请妈妈不要去干涉她，因为如果这个时候去干涉孩子，她反而会更反感。在孩子的活动过程中，家长需要参与他们的游戏，适时作出引导，但不能干涉孩子的游戏过程。在入户指导中辰辰妈妈甚至是奶奶学会了许多正确的教养方式。希望通过我们的努力，能够让更多的家庭了解早教，重视早教，将早教推向更广阔的天地。

上门服务的另一种类型是家访，主要针对在园的亲子班、半日班、日托班及散居儿童家庭，由早教指导师、亲子教师、高级育婴师、心理咨询师、保健医生做为家访员，负责指导一个或几个家庭的家长，定期家访，重点围绕家长教育观念、教养方式等与家长进行沟通交流，向父母传递早教知识，帮助父母认识到游戏对儿童发展的重要性，学会和孩子一起游戏，为家长当前的教养问题进行答疑解惑，帮助父母提高父母的教育水平，构建优良的家庭教养环境。

教养咨询。幼儿园开通热线咨询电话，定期举办早教咨询等活动，解答家长在教养过程中的问题，细心、体贴地提出建议。每年邀请早期教育专家来园现场指导1～2次，聘请计生、卫生、教育等部门早教专业人士上街为社区群众传授科学知识和早教方法。

早教知识宣传。通过"好书推荐"活动，向家长发放宣传资料、文本，通过在幼儿园、社区设置宣传橱窗、展板、园地等形式，向家长宣传科学的早教理念和育儿知识。

（2）手拉手的开放性活动。

手拉手的开放性活动是指幼儿园对外开放，提供设施，营造温暖、和谐、宽松的教育氛围，吸引家长关心教育。

家长开放日。我园每月一次举办家长开放日活动，向在园宝宝及社区散居婴幼儿和家长开放。一方面，使在园宝宝的家长了解幼儿园教育目标、内容、形式和方法，以便更有针对性地教养。另一方面，让未入园的宝宝及家长对幼儿园早教活动有一个感性的认识，为幼儿园与家庭建立起互动的桥梁。

准入园活动。为了让社区0~3岁宝宝与他们的家长对幼儿园集中教养活动有一个感性的认识，让新生宝贝们熟悉婴儿园集体生活，为将来入园做准备。婴儿园每期举行宝宝准入园活动，让适龄宝宝与家长共同参与，走进婴儿园、走进班级，体验快乐的半日活动，同时也为婴儿园与家庭建立起互动的桥梁。

图 4.41　新生宝宝准入园活动

图 4.41 为针对新生宝宝开展的准入园活动，每年六月进行，邀请下期新生宝宝和家长到园，提前体验婴儿园半日活动，为家长提供咨询、解疑答惑。

亲子书吧。在幼儿园开辟亲子书吧，提供适合宝宝阅读的图书、绘本供亲子阅读；同时，陈列有各种孩子身心发展教育教学资料及各类理论书籍等，供家长、社区居民翻阅、观看、借读，让家长认识到早期启蒙和开发的重要性，做到家园互通，资源共享。

（3）心贴心的参与性活动。

心贴心的参与性活动是指家长参与幼儿园的教养活动与过程，在与教师、专家、宝宝的互动中，做中学，学习育儿知识，提升早教技能。

亲子早教课。我园创办了服务社区散居婴幼儿的亲子早教中心。早教中心最基本、最核心的工作是指导家长开展早教工作。我们通过与婴幼儿互动的示范，通过亲子互动中问题探讨，向家长宣传正确的教育理念，传递科学的教养技能，提高家长的科学育儿水平。

案例：亲子早教课教案

鲁家园幼儿园司司里亚亲子中心早教活动方案

第 __九__ 周　　　　时间：2016.6.17　　　　主教：刘老师　　　　助教：徐老师

	适宜的月龄：16~19个月	
活动目标	家长学习目标： 1. 学习协助宝宝进行身体运动的方法。 2. 引导家长初步学会观察和评估自己宝宝现有的发展水平。 3. 引导家长学习指导宝宝在家庭如何运用常见的物品，如：被单、小球等，锻炼宝宝钻爬、翻滚的能力。 4. 在游戏中增进亲子关系。	宝宝学习目标： 1. 初步发展宝宝的动作协调能力。 2. 促进宝宝此月龄段大运动动作钻、爬、滚、走、跳的发展。 3. 发展宝宝手眼脚协调能力。 4. 体验集体游戏带来的快乐。
活动准备	1. 保证活动环境通风、明亮、整洁。 2. 活动所需的玩教具材料准备：活动所需的音乐、方向盘（小圈）、平衡木、拱形门、彩虹隧道、彩虹伞。 3. 家长签到表、家长行为观察表、宝宝行为观察表。 4. 提示家长给宝宝换尿不湿，适当地喝一点水，换好鞋子等，做好活动前的准备。	
活动内容	活动环节或场境	家长指导
	一、来园问候活动 1. 教师热情地与每一位来园的宝宝打招呼、问好、拥抱，并且在舒缓的音乐声中与同伴握手、相识。 2. 可与每个宝宝有适度的皮肤接触，使宝宝建立初步的熟悉感，感受到教师的温暖和亲切。 3. 请一名家长带着宝宝熟悉活动室，另一名家长与老师进行交流，知晓本次早教活动的目标内容，了解活动中家长的关注要点和观察方法。	指导重点： 家长帮助宝宝完成打招呼、握手等相关练习，引导宝宝与他人交流，并适当给以鼓励。 教师让家长明白此次早教课的目标、内容，初步学习指导宝宝的方法。 家庭延伸： 家长可在日常生活中鼓励、引导宝宝主动与他人打招呼、问好，培养宝宝的交往能力。
	二、热身活动 1. 教师："宝宝们还记得蒙氏线吗？牵着妈妈的手，我们用小脚踩一踩。"	指导重点： 家长在带着宝宝做的过程中要用清晰的语言念唱儿歌，同时妈妈表情要亲切，手臂要有力。

续表

	活动环节或场境	家长指导
活动内容	2. "我们一起站在蒙氏线上做长高高的小游戏。请家长双手扶好宝宝的腋窝处，跟着我一起做小飞机。"教师边念词边示范。 3. 亲一亲宝宝，鼓励宝宝"做得真好"。	家庭延伸： 在家里也可以带着宝宝做长高高的小游戏，为接下来宝宝小腿肌肉弹跳的发展做准备。
	三、运动游戏：小火车开来了 材料准备：音乐、方向盘（小圈，每人一只）、平衡木、拱形门、彩虹隧道。 活动目的：锻炼宝宝的大肌肉以及钻、走、跑的动作协调性。 活动过程： 1. 教师介绍玩具的使用方法，"这个小圈是方向盘，我们一个跟着一个开火车"。 2. 请家长带着宝宝拿好方向盘，一个跟着一个准备开火车。"呜——，咔嚓、咔嚓，我们开火车……" 3. 家长引导宝宝随意地开火车。 4. 放好小圈，引导宝宝钻过山洞，通过小桥。 5. 与家长一起交流在这个游戏活动中宝宝的表现，家长应注意并调整相应策略。 6. 针对宝宝的大运动再次准备下一个游戏活动（教师介入），并告诉家长如何在游戏中观察、引导自己的宝宝。	指导重点： 家长带着宝宝跟着教师的指令说出来并且引导宝宝跟着指令做动作，引导宝宝跟着指令游戏。 在游戏中可引导宝宝练习跟着一个方向走、跑。 在宝宝通过平衡木小桥时，根据宝宝的实际情况而定，如宝宝不太会走，家长需协助通过；如宝宝能大胆且稳步走，家长只需在旁保护通过。 宝宝在完成活动后要给予鼓励。 家庭延伸： 家长在家也可用靠垫之类的、圆形类似方向盘的物品和宝宝一起开车。锻炼宝宝的走、跑能力。
	四、集体互动：彩虹伞 活动目的： 1. 利用彩虹伞再次进行走、爬、跑动作的练习，加强宝宝大动作的发展以及四肢的协调能力。 2. 刺激宝宝的视觉，感受色彩及光线的变化，体验集体游戏的快乐。 材料投放：彩虹伞和节奏欢快的音乐	指导重点： 在进行游戏的过程中，家长一定要注意宝宝的安全，避免在跑跳过程中撞伤其他的宝宝。 如果宝宝因害怕爬过隧道而不愿意爬行时，建议家长可与宝宝一起游戏，通过亲身的示范帮助宝宝消除对隧道的恐惧。家长也可通过语言、眼神鼓励宝宝勇敢地爬过隧道，如果宝宝不愿意，指导家长在另一端用皮球吸引幼儿钻过。

	活动环节或场境	家长指导
活动内容	活动方法： 　1. 教师和家长共同拉起彩虹伞的四周，将伞撑开，高度在宝宝的胸口，也可以让宝宝拉起彩虹伞抖动，让宝宝感知彩虹伞的庞大。 　2. 钻山洞：助教老师两端拉着伞，将伞做成彩虹隧道的样子，教师引导宝宝和家长从一头钻进另一头钻出。随着时间的推移，慢慢降低隧道的高度，鼓励宝宝想办法通过。 　3. 转伞：请宝宝和家长一起拉着伞顺时针或逆时针转动，发展宝宝走的能力。 　4. 大浪来了：两位老师牵起彩虹伞并抖动，模仿波浪的样子，追逐宝宝。家长牵着自己宝宝的手，引导宝宝往一个方向跑。 　5. 请一名家长带着宝宝稍作休息，可给宝宝按摩放松，已经出汗的宝宝注意垫汗巾等，另一名家长与教师进行交流。 　6. 根据交流所得到的经验，再次游戏。	家庭延伸： 　回家后可和宝宝用球练习，与宝宝进行脚上传球游戏，训练宝宝的下肢灵活性，为宝宝的跑、跳能力的发展做好充分的。同时，还可使用不同的球，激发宝宝的兴趣。
	五、小游戏：调皮的小猴 　游戏目的：继续练习障碍爬、翻滚动作。 　活动方法： 　1. 钻桥洞：爸爸妈妈手脚着地成"桥洞"状，让宝宝在"桥洞"下钻进钻出，还可放低"桥洞"，加强难度。 　2. 爬小山：爸爸妈妈随意睡在地上，宝宝以爸爸妈妈的身体作为小山爬上爬下，还可以左侧卧、右侧卧，"小山"成"大山"，加大难度。 　3. 小猴翻滚：用玩具吸引宝宝做翻滚动作。 　4. 与家长简短交流，并期待下一次的见面。	指导重点： 　1. 宝宝已经有一段时间的运动了，提醒家长随时注意宝宝情绪的变化。 　2. 当家长以身体作山洞时，可改变身体的姿势，变化山洞的形状，让宝宝再次游戏。活动旨在培养宝宝钻、爬的能力，体验亲子游戏的快乐，增强亲子关系。 　3. 此活动也可作为家庭互动游戏。

续表

家庭延伸活动	1. 在家里请家长带着自己的宝宝玩课堂里的互动游戏，如没有课堂内的教具，可找一些常见的物品代替。也可以做一些其他游戏，增进亲子关系。比如：用家里厚实的被单练习宝宝翻滚、钻爬等。该月龄段仍然以陪伴游戏为主。 2. 在喂养方面，该月龄段宝宝的饮食仍需以清淡、少盐、少糖为主。早晚可根据宝宝的生长情况喝一次奶粉，每次150 ml~200 ml。新的食品仍需在早上添加，观察宝宝在这一天内有无不适的状态，并且养成定时进食、定位进餐的习惯，鼓励宝宝自己动手吃东西。培养饭前便后洗手习惯。 3. 该月龄段培养宝宝各方面发展的指引。 （一）认知能力的训练 1. 观察能力 （1）识别大小。选择大小差别显著的同类物品来练习，如大苹果与小苹果、大皮球与小皮球等。 （2）识别形状。教宝宝识别简单的形状，可用实物形状来描述，如圆皮球、三角板、方积木等。 （3）识别颜色。从基本的颜色开始进行识别。告诉孩子气球是红色的、毛衣是黄色的、叶子是绿色的。 2. 记忆力的训练 （1）实物记忆练习。让宝宝根据记忆寻找所需要的玩具，如先让宝宝看一个小球，然后把它收起来，再让孩子在一堆玩具中找出这个小球。 （2）强化记忆练习。父母可以选择一些形象直观，与小儿本人关系较为密切的东西和他感兴趣的事物来训练他的记忆力。可教宝宝认识自己的名字、身体的主要部位，间隔一段时间，情景再重复。 （二）动作能力的训练 1. 继续训练宝宝独立行走的能力和行走的稳定性，以促进运动的协调性和躯体的平衡能力。可和宝宝一起拖拉玩具车，教宝宝拉着小车向前走、侧着走、倒退走等。准备一个较大的皮球，成人将球滚到宝宝脚边，教他抬脚踢球。 2. 发展宝宝走、蹲、弯腰等动作。将玩具散放在各处，要求宝宝收捡玩具交给成人或放在固定的地方。 3. 训练宝宝手的灵活性和准确性。如教宝宝搭积木、用塑料绳将有孔玩具串起来、取物装物等。 （三）言语能力的训练 利用各种机会丰富孩子的语言词汇，并简单说明物体的用途与关系，扩大孩子的认识范围，促进语言的理解与表达。给宝宝看图片、童书，带宝宝到户外玩，给宝宝讲故事，教宝宝认识物体的名称，对着图片或实物与宝宝对话。宝宝回答正确时亲亲他，以示鼓励。

（1） （2）

图 4.42 亲子早教课

图 4.42 展示的是我们每周三次的亲子早教课。每次的早教课，都是由宝宝父母或其他监护人陪同宝宝一起参加，一起玩。在活动中，老师通过自己的言行，向家长示范如何与宝宝游戏、如何与宝宝交流，传递适宜行为，让家长知道游戏的目的——"如何去玩"，向家长传授游戏玩法——"怎么陪玩"，教家长变化多样的游戏形式——"玩出花样"。活动结束后，由配班老师带领宝宝活动，主班老师组织和家长进行集中式讨论交流，如观察到了宝宝的哪些行为，帮助理清应该做什么、怎么做，向家长传递科学的教养指导方法指导家长根据婴幼儿身心发展特点适时调整自己的教养行为。

家长沙龙。即幼儿园根据家长实际需要，安排和组织开展的互动研讨活动。如针对宝宝发展的不同阶段的共性问题和个别家长的困惑为家长提供的"解答式"交流；教师或教育专家针对幼儿发展特点和具体的行为表现开展的"专题式"交流，对案例分析的"研讨式"交流等。

（1） （2）

图 4.43 家长沙龙

图 4.43 是针对"冬季婴幼儿冬季保健"和"婴幼儿入园适应性"问题，分别邀请宜宾市第二人民医院张医生和宜宾学院蒋教授做客我园家长沙龙，开展互动解答交流。

案例：家长沙龙活动案例

活动主题：婴幼儿冬季保健

主 持 人：A 幼儿园蒋老师

活动地点：幼儿园多功能厅

嘉　　宾：宜宾市第二人民医院张医生

活动目的：通过教师、医生、家长的三方互动交流，帮助教师和家长获取更多的关于宝宝冬季保健的方法，使教师和家长在幼儿园和家庭中更好地做好冬季宝宝的护理工作。

活动准备：联系好宜宾市第二人民医院张医生以及三位有经验的家长做好经验介绍准备，另外，准备好纸、笔。

活动过程：

1. 蒋老师介绍活动的主题、目的和冬季婴幼儿保健的重要性。

2. 家长将自己遇到的关于婴幼儿冬季保健的问题和困惑写在小纸条上，交给蒋老师。

3. 有经验的家长介绍自己在冬季应对婴幼儿保健方面问题的经验。

4. 张医生解答家长的问题，家长互动。

5. 蒋老师做活动小结。

家长辩论会。围绕家长关注的热点、困惑的问题开展辩论，引导家长思辨，帮助其形成科学的早教理念，获得科学教养的方法。

案例：家园育儿辩论赛

一、活动目标：

1. 家园面对面，分享交流早期教育实践过程中的育儿经验。

2. 通过设定正反两方的辩论形式，让家园齐参与，论证自己所持观点，汲取其他家庭教育精华。

3. 通过活动，幼儿园教师与家长更全面、深入地掌握早期教育理论、方式等教育要点，提升家园合作教育策略的实践能力。

4. 加强家园间的情感联系，更全面地解决育儿困惑，推进区域内早期教育工作。

二、辩论主题：

父母教育下的婴幼儿发展 VS 祖辈教育下的婴幼儿发展

三、参加人员：

1. 家长辩手：实施婴幼儿教育的父母（在读与散居婴幼儿父母），实施婴幼儿教育的祖辈家长（在读与散居儿童婴幼儿祖辈）。

2. 外聘专家：宜宾学院蒋鸿洁教授，宜宾市教科所孔繁英老师，宜宾市翠屏区教师培训与教育研究中心幼教教研员赵丹琳、陈昌鸿。

3. 幼儿园行政人员及部分教师、家长辩手、观众（部分在园家长和散居儿童家长）。

四、活动流程

（一）9:20分，主持人开场，辩论队员入场，介绍参赛队及其所持立场，介绍参赛队员，说明辩论会主题内容及规则，介绍评委及点评嘉宾。

（二）9:30分，辩论会正式开始。

1. 先由正方一辩发表正方的立场观点，然后由反方一辩发表反方的立场观点。

2. 正反双方每位辩手分别发表自己的观点，并进行论证。

3. 正反双方相互向对方提问。

4. 正反双方自由辩论抢答。

（三）辩论环节结束，由点评嘉宾进行点评，并总结本次辩论会的要点。

五、活动结束

辩论结束后，参与家长与旁听家长均可提出自己的疑问，专家团队人员共同解答疑问，活动后，家长间建立联系，携手共同进行科学育儿。

（1）

（2）

图 4.44　家长辩论会

图 4.44 展示的是 2016 年 4 月 16 日我园组织的"父母教育下的婴幼儿发展 VS 祖辈教育下的婴幼儿发展"辩论会的情况，通过辩论，帮助家长理清了育儿思路。

育儿经验交流。婴幼儿家长是非常丰富的教育资源，他们中不乏有人对宝宝的教养有着自己独到的见解和经验，我们通过育儿经验交流会，让家长分享育儿心得，交流育儿经验，让家长影响家长，家长指导家长，让家长逐渐成为早教指导的重要参与者。

（1） （2）

图 4.45　育儿经验交流会

图 4.45 展示的是 2016 年 5 月开展的育儿经验交流会的情况。会上，家长相互分享育儿经验，共促宝宝成长。

家园同乐。幼儿园不定期地邀请社区家长参与一些大型的活动，如亲子运动会、六一联欢活动、节日庆祝活动、区域共建联谊活动等。大家欢聚在一起，参与歌舞表演，开展亲子游戏，交流育儿经验，发放早教资料，家园和谐共进，共同见证孩子的成长。幼儿园还为参与活动的家庭送上温情的小礼品，丰富、健康的活动也增进了幼儿园、家庭、社区之间的友谊和交流，促进了宝宝家庭教育智慧的提升。

（1） （2）

图 4.46　家园同乐

图4.46展示的是2016年6月开展的亲子手工DIY和亲子团体操活动的情况,这种活动有利于增进亲子感情。

(4)支持性培训指导活动。培训对象的多样性以及涉及的知识面比较广,我们充分调动各种教育资源,请来不同行业人员加入早教指导者队伍,建立早教指导专家团队,对家长进行培训指导,为家长提供专业支持。

育儿大讲堂。结合我园师资,邀请教育、卫生方面的专家,通过讲座向家长及社区成员宣传早期教养知识,有效促进家长和社会对早期科学教养重要性的认识,提高家长的早期教养水平。如我们邀请妇幼保健院医生,开展对婴幼儿常见疾病及意外事故的预防及处理讲座;邀请职教中心教师对保姆进行宝宝看护能力提高培训等等。

(1)

(2)

图4.47 育儿大讲堂

专家咨询。邀请各行业专家为家长开展一对一咨询活动,现场为家长解答婴幼儿教育、心理发展、营养保健、疾病预防等问题。

(1)　　　　　　　　　　(2)

图4.48 专家咨询

3. 四个推进策略

（1）行政推动。

翠屏区政府和教育主管部门高度重视婴幼儿早期教养指导服务工作，充分发挥领导作用，统筹早期指导各项工作。以全国"0~3岁婴幼儿早期教育试点项目"为契机，区政府成立了"宜宾市翠屏区0~3岁婴幼儿早期教育试点工作领导小组"，并在区教育局下设办公室，负责试点工作的组织领导、统筹协调、日常管理等各项工作。

同时，幼儿园作为全区乃至全市唯一一所婴幼一体化全日制公办幼儿园，也十分重视0~3岁婴幼儿早教工作。首先，对0~3婴幼儿早教工作准确定位，将0~3岁婴幼儿早教作为我园的特色工程、亮点工程和重点工程来进行打造；其次，健全组织和管理机制。由园长亲自抓、分管园长具体负责，分工明确、职责到人，确保早教指导服务规范化建设工作有序推进；最后，坚持正确的早教及早教指导服务理念，确保科学性，坚持公益性。

（2）构建早教指导共同体。

我们深知，早教指导服务工作不是单靠一个幼儿园就能独立完成的，需要教育和多个部门合作。为了"促进0~3岁婴幼儿健康成长"这一共同追求，在翠屏区教育局的领导下，我们构建了以家庭为基础，以翠屏区幼儿园为主体（核心），以北城社区为依托的早教共同体，涵盖早教机构、社区、家庭及教育、计生、妇联等政府组织和部门，各部门明确各自职责，发挥各自的组织和专业影响，共同推动0~3岁婴幼儿的健康成长。

幼儿园是早教指导服务的主体。首先，要发挥主动性，积极做好沟通和配合工作，引导社区部门参与到自己的教养指导活动中，注重社区教育资源的有效开发和利用。如主动和社区联系，共同商讨早教指导工作安排，向了解0~3岁散居儿童人数及情况；有相关早教指导活动时主动向社区通报，做好宣传，让社区人员走进幼儿园、参观了解幼儿园，建立部门友谊，实现资源共享；联系社区高校、妇幼保健、计生部门专家，共同商讨婴幼儿早教策略，对幼儿园教师进行指导，邀请他们为婴幼儿家长开设专题讲座、家长沙龙等活动，对家长在婴幼儿教育和养育方面遇到的问题进行指导和现场答疑。为家长提供一个与专家面对面的机会，丰富家长了解科学育儿知识的渠道。

其次，幼儿园充分利用自己的专业性，发挥主导作用，引导家长形成科学的育儿理念和正确方法，开展诸如"早教节""辩论会""开放日"等多形式、多层次、丰富多彩的系列早教活动，吸引家长。例如，可通过家长学校、专题讲座等各种培训及园本化读物等形式，面向社区、家长传递教育信息、教养方法，使其加强对0~3岁婴幼儿早教指导重要性的认识；通过"亲子早教""开放日"等各种参与性活动，让家长在亲身参与、亲身实践中转变自身角色，从旁观者逐步变成参与者，从不会指导到学会指导，帮助家长获得科学育儿的知识和技能。

最后，幼儿园注重自身内涵发展，以优质的早期教育质量推动早教指导服务。我们深知，幼儿园成为早教指导的内涵和核心，其原因主要是因为它的专业性。为此，幼儿园应特别注重自身内涵发展，努力促进教师早教水平的提升。

（3）专家引领，科研护航。

为提升0~3岁儿童早教指导的专业性、科学性，保障早教指导服务质量，我们组建了以宜宾学院高校教师、计生部门、妇幼保健机构专业人士组成的专家指导团队，为早教指导服务提供技术支持；同时，我们主动寻求专家的指导和帮助，先后多次得到上海市教委信息中心学前教育信息部副主任茅红美老师，四川省0~3岁儿童早期发展与教育研究中心文颐院长，宜宾学院刘维鸿、蒋泓洁、何奎莲教授的指导和帮助；2013年，幼儿园成功申报为四川省0~3岁儿童早期教育科研基地，2014年省级课题"0~3岁婴幼儿早期教育家园合作教育的实践研究"成功立项，参与了2015四川省社会科学研究规划项目"基于社区的0~3岁儿童早期教养服务模式研究"，在和专家共同做课题的过程中，在做中学，提升了早期教养指导水平，把早教指导服务工作推向深入。在研究中，完成了《0~3岁家长指导手册》等园本教材。

（4）早教志愿者服务。

在早期教养指导服务中，志愿者队伍是不可忽视的重要力量。我园早期教养指导服务者主要包括：一是高校专家和来自各行各业的家长。我们依托全日制幼儿园、婴儿园丰富的家长资源，资源库中贮备了各行各业的志愿者，如教师、医生、育婴师等。二是热爱早期教育事业的妈妈们。这些志愿者妈妈大多是自己的孩子刚刚经历过0~3岁这个年龄阶段，对宝宝的早期教养很有心得。他们用自己的实践经历，向新妈妈们传递着早期教养的信息。三是高校、职业院校的大学生。大学生志愿者年轻又有活力，同时受过高等教育、专业教育，素质较高，他们为早教服务指导注入了新的活力。

在幼儿园和社区组织的各种活动中，随处可见志愿者的身影，儿科医生志愿者主导的"早教咨询"，对家长关注的热点问题进行行为指导，指导家长如何应对孩子的各种情况；"早教大篷车"送教下乡，志愿者爸爸妈妈齐上台，为乡镇家长提供操作示范；幼儿园大型的亲子活动，由于规模大，参与人员较多，大学生志愿者积极参与组织工作。"早教志愿者"正成为推动早教指导服务的巨大能量。

4. 三大保障机制

（1）制度保证。

我们在了解本区0~3岁儿童早期教育的现状与发展需求的基础上，建立健全了各项制度，包括计划总结制度、管理制度、社区协作制度、专业人员培训制度、资料积累制度等，用完善的制度确保幼儿园早期教养指导服务的质量，用良好的机制保证早期教养指导服务的推进。

（2）师资保证。

我们以提高早教师资整体素质为核心，建设高素质专业化的早教师资队伍。从实际出发，利用幼儿园现有师资，分批选派他们参加育婴师、高级育婴师培训，实现从幼儿园师资向早教师资的转变。同时，依托一体化管理，建立了促进教师专业成长的长效机制，采用专家讲座、指导，现场观摩、研讨学习，参观交流及教师在教学实践中边学习、边实践、边研究、边总结提高等多种形式灵活的培训方式，带领教师从理论讲堂走向实践战场，促进教师专业素养的提升。幼儿园现有高级育婴师16名、亲子教师5名、高级早教指导师2名，高素质专业化的教师队伍成为服务孩子、服务家长的有力保障。

（3）经费保证。

幼儿园对资金统筹安排，每年划拨经费用于0~3岁儿童早教指导的全部支出，真正实现对社区内0~3岁散居、在园儿童早教指导的零收费，保障了0~3岁儿童早教的普惠性和公益性。

（三）实践探索成效

1. 科学早教理念逐渐普及，提高了社区内家庭早教指导的受指导率

（1）通过两年的探索实践，社区乃至全区上下形成了关注0~3岁儿童的教育，重视早期教养指导的良好氛围，科学早教理念的宣传和普及，让更多的家庭正确认识早期教育，科学进行早期教养。我们对社区0~3岁儿童的家长就四个问题进行了调查和访谈，以下是前两个问题部分家长的访谈记录。

问题1：你是如何看待孩子的早期教育的？

"我一直认为早期教育很重要，所以在我怀着宝宝的时候我就参加了许多孕妈妈课程之类的培训，现在我也时不时地看些关于早教的书籍。"

——兮兮妈妈（兮兮24个月）

"我觉得接受早教的孩子应该要比没有接受早教的孩子聪明，一般家长最好在宝宝出生时就让他们接受早教，这样对孩子的智力发展都是有好处的。"

——轩轩爸爸（轩轩18个月）

"孩子的早期教养很重要。我是一名小学老师，从工作中我知道孩子的好习惯是0~6岁的时候形成的，民间有这样一句话：'3岁看老'，其实也不是没有道理的，3岁以前我们让孩子接受有价值的教育，这对他们的一生都会有帮助。"

——姗姗妈妈（姗姗26个月）

问题2：你认为早期教养的目的是什么？

"早期教养更多的应该是发展孩子的大脑吧，让孩子更聪明，或者是教育孩子的品德之类的，可能也涉及对孩子动手能力的培养。"

——轩轩爸爸（轩轩18个月）

"我心中的早期教养应该首先培养亲子关系，因为我知道良好的亲子关系会让孩子更加有安全感，喜欢和爸爸妈妈交流。其次就是让孩子的各个方面都能得到发展。

——兮兮妈妈（兮兮24个月）

"我也说不清楚，我理解的就是让孩子快乐地玩，在玩的过程中应该会学到很多东西，那么小的孩子，我也不主张他学会多少，只要他开心，有好的行为习惯就行。

——豆豆妈妈（豆豆24个月）

通过调查访谈，我们发现，受访家庭中，早期教养理念有了深入的普及，家长基本建立了科学的早教理念，能采用正确的方式在家庭中开展早期教养，并与幼儿园、社区形成良性互动，科学早教氛围的创建为婴幼儿健康快乐地成长提供了保障。

（2）逐步构建了以家庭为基础，以翠屏区婴儿园为主体，以社区为依托的早教共同体，各部门明确职责，发挥各自的组织和专业影响，共同推动0~3岁儿童的健康成长。通过早教服务工作各项活动的实施，大大提高了社区内0~3

岁散居儿童及家长的受指导率，至2016年年底，社区内婴幼儿家长受指导率达50%以上，上千个家庭和宝宝受益。

2. 家长重视科学早教，提高了科学早教水平

家庭是0~3岁儿童早教的主体，0~3岁儿童教育，更多的是以家庭教育为主。在课题研究中，我们更多地让家长懂得了早期教养对孩子一生发展的重要影响，帮助他们学习掌握了更多具体的、科学的家庭教养方法技巧。通过宣传教育与互动式活动，唤醒了早期教养意识淡薄的家长对儿童早教的关注，帮助他们了解儿童发展的生理需要与心理需要，教给他们科学育儿的知识与技能。帮助注重早期教养，迫切地想提高自己育儿水平却带有极大的盲目性和随意性的家长，引导他们学习0~3岁儿童成长发展的规律和各年龄段发展的特点，指导他们在发展的关键期有效推进儿童发展，指导他们从科学的角度观察自己的孩子，引导他们结合自己孩子的实际状况判断、选择儿童学习的内容，大大提高了他们科学地进行早教的水平。

通过访谈，我们发现社区家庭中早期教育已有了较深入的普及，家长基本建立了科学的早教理念，能采取正确的方式在家庭中开展早期教养，并与儿童早教中心、社区形成良性互动。以下是家长的话及后两个问题的家长访谈记录：

案例：家长的话

家长一：以前就常听当了妈妈的同学说，上早教课的宝宝大多比没上的更加聪明，当时还没有什么切身的体会，心想这么小的孩子又会有多大的区别。后来当了妈妈，越来越多地接触到其他妈妈和孩子才真正了解到确实早教很重要，有没有进行早教对宝宝的成长发育影响很大。

家长二：很感谢司司里亚亲子中心给我们提供了这样的机会，让我们有机会认识早教，并参与其中，通过中心早教老师的介绍，更系统科学地学习到平时应该怎样和孩子玩，应该从哪些方面去引导孩子。知道了早教并不神奇和陌生，其实当宝宝还在妈妈肚子里的时候，早教就开始了。现在的社会竞争压力太大，很多家长不愿意宝宝输在起跑线上，纷纷带着孩子参加各类早教班，但过犹不及，过多的学习反而会使宝宝很累，脾气变得暴躁，应该学会适可而止。

问题1：你认为应该怎样进行早期教养？你是怎么做的？

"我会经常借助媒体，比如在网上下载一些语言小故事、早教音乐，或是给宝宝看有教育意义的动画，当然，我也会陪他一起看，宝宝会通过这些学到很

多的东西，我们大人也不会太辛苦。"

——甜甜妈妈（甜甜26个月）

"我虽然知道早教很重要，但毕竟我们又不是早教专业的，所以我更愿意带孩子去参加亲子班，这样不但能收获很多好的早教理念和方法，还可以让孩子接触其他的小伙伴，让孩子更大方，而且有什么问题都可以向老师请教。"

——姗姗妈妈（姗姗26个月）

问题2：你参加过幼儿园的亲子班吗？觉得怎么样？

"我孙子参加了，我们这一代人对孩子的教育，用你们年轻人的话来说就是老思想，但我发现我孙子自从参加了亲子班以后，回家比以前更有礼貌了，而且也大方了很多，以前在人前总是害羞，但现在好多了，还会主动和人打招呼。我觉得这个亲子班还挺不错的。"

——朵朵奶奶（朵朵22个月）

"我家孩子没有参加亲子班，但我会在家里教他很多东西，比如每天都会陪他阅读，和他玩玩具，教他画画等，但他不太喜欢和别的小伙伴一起玩，我们隔壁有个哥哥，主动和他玩他都不愿意，我觉得还是应该多让他和其他孩子接触。"

——小贝妈妈（小贝26个月）

"我女儿参加了亲子班，她特别喜欢去亲子班上课，她们的课程是每周二，每到周二，她都会特别开心，早早地就拉着我要去上课。而且我发现她进步很大，尤其是在动手能力方面，从之前什么都要我们帮忙，到现在连穿衣服都自己做，而且有时看到我们扫地还会主动来帮忙。"

——姗姗妈妈（姗姗26个月）

由此可见，家长的科学育儿的意识有所增强，水平也有了较大提升。

3. 婴幼儿接受到科学正规的早教，促进了婴幼儿健康成长

早教指导的对象是家长，而受益者是孩子。家长的科学早教和早教中心、婴儿园教养活动有机结合，有效地促进了儿童健康成长。以下是家长们的话。

案例：家长的话

A 家长：通过参加几次亲子课，在老师们的耐心照顾和正确引导下，我家宝宝就跟变了个人似的，突然之间长大了，懂事了许多。她养成了很多良好的生活习惯，在家玩完玩具会放回去，独立能力也在不断提高，不用大人帮忙，自己能做的事情自己做。记得最清楚的就是"我们老师说：懂得好东西要分享，

有吃的先给爸爸妈妈，自己吃小的；好玩的玩具要和小朋友一起玩，学会了分享，懂得了交换。"

B 家长：每次早教课后，我都会按照老师课程里的内容回去对孩子进行指导，特别是这段时间，我按照老师教的对孩子手眼协调能力进行了一些练习，针对手指的灵活性进行了训练，让她把豆子放进塑料瓶里，也买了串珠和宝宝一起穿，宝宝对这些游戏非常感兴趣，经过我的引导，我发现她从一开始的用手抓握物品慢慢变成了用手指拿捏，而且手指越来越灵活，现在都可以尝试自己拿勺子吃饭了。

C 家长：我家宝宝原来出门的时候总是很不情愿，一步三回头，看到熟人也不愿意问好，大人提醒也不管用，但现在只要有人来我家，她都要冲上去大声问好。以前，我们家宝宝不喜欢和不认识的小朋友玩，注意力也不集中，经过几次亲子课后，她现在到了外面不管认不认识的孩子，她大都能玩到一起，而且做事情也专心多了，即使是在家里玩一种玩具也能玩很长时间。

在家庭教育和机构教育的良性互动中，宝宝们的社会适应性有所增强，语言能力、认知力有所提升，身体发育状况良好。

4. 早教指导师资队伍不断优化，专业水平不断提升

（1）建立了一支专兼职结合的早教师资队伍，专业的早教师资力量逐年增强，表 4.1 是近三年我园早教师资情况。

表 4.1　鲁家园幼儿园专业早教师资情况统计表

年份类别	2014	2015	2016
亲子教师	3	5	6
高级育婴师	12	16	19
高级早教指导师	0	1	2
营养师	1	1	1
心理咨询师	2	2	3

早教社区服务工作促进了早教师资的专业化发展。在幼儿园、社区、家庭三结合的婴幼儿教育中，我们的保教人员扩大了从教领域，增强了团队合作。教师在与家长及社区成员的交流互动中，从家长的不同职业、不同文化背景中获得了宽旷的知识视野，为婴幼儿提供了丰富的教育内容，早教教师专业化水

平不断提升。

（2）教师对家长的指导能力大大增强，如确定指导理念的能力、把握指导内容的能力、选择指导方式的能力、反思指导效果的能力。教师自制的适合0~3岁宝宝使用的玩教具实用性强，除此之外，还编写了《0~3岁家长指导手册》等园本教材。

（3）教师的研究意识和能力不断增强。例如和四川省0~3岁儿童早期发展与教育研究中心合作做课题研究，和发达地区学习交流，和高校密切联系，借助这些资源为早教指导提供技术支持，提升了教师师资水平。教师撰写、发表、交流、比赛获奖相关论文、案例达二十余篇。

5. 办学水平有所提升，社会影响力不断扩大

（1）早教指导服务工作赢得家长的高度认可，美誉度高。表4.2是我们对社区180个婴幼儿家庭的调查结果：

表4.2 家长满意度调查

项目\内容	满意		一般		不满意	
	家庭数量（个）	所占比例	家庭数量（个）	所占比例	家庭数量（个）	所占比例
早教内容	177	98%	3	2%	0	0
早教方式	177	98%	3	2%	0	0
早教环境	170	94%	10	6%	0	0
早教师资	180	100%	0	0	0	0
课程效果	175	97%	5	3%	0	0

（2）成为四川省0~3岁儿童早期发展与教育研究中心科研基地，承担多项课题研究，提升了办学水平和质量。完成了省级的科研课题"0~3岁婴幼儿教育家园合作教育策略的实践研究"，"以公办幼儿园依托的早期教养指导推进策略研究"立项为省级课题。

（3）改善了社区教育的环境，促进了社区和谐氛围的创建。通过定期对0~3岁散居儿童开放幼儿园环境场所、提供设施玩具，让0~3岁宝宝共享教育资源；设立亲子中心，让它成为家长学习和交流的重要场所，安排专业指导人员宣传科学育儿理念和技巧，开展多种亲子游戏，指导家长提升科学育儿技能；同时，专业的早教志愿者队伍深入社区、走进家庭，发挥了幼儿园的教育功能、

辐射带动功能和服务功能，改善了社区的教育环境。

幼儿园与社区积极合作开展0~3岁儿童早教指导，为社区营造了浓厚的早期教育氛围，使科学育儿的理念深入家庭，同时，社区以0~3岁儿童早教工作为载体，通过孩子这一家庭间共有的话题，拉近了社区邻里之间、社区居民之间的距离，早教工作成为连接社区和家庭的纽带，促进了社区和谐氛围的创建，也促进了家庭和谐、社区和谐。

"早教工作是我们社区工作的特色，我们和幼儿园密切合作，真正为家长提供服务，很受家长的的欢迎，和社区居民关系和谐了，其他工作也好开展起来了"，社区工作人员如是说。

（4）广泛开展区域交流，扩大社会影响。2015年4月15—17日，我园在成都参加"学前教育的过去、现在与未来（西部地区）国际研讨会"，并且应邀在会上作题为《与爱同行——打造阳光早教乐园》的早教经验交流报告；2016年6月，我园参加了"四川省早期教育服务模式暨幼儿园游戏环境创设2016高级参访研讨会"，在活动现场，园长陈彬向来自全国各地的同行们做了题为《公办幼儿园引领区域早教指导模式的研究》专题介绍和早教机构早教指导现场展示，引起参会同行的关注；上海早教专家茅红美、成都师范学院0~3岁儿童早期发展与研究中心专家组到我园调研指导，对我园的早教指导工作高度评价；省、市、区各级领导多次到幼儿园对"0~3岁婴幼儿早期教育试点"项目进行调研，多次接待来自各区县幼儿园同行来我园参观学习。宜宾电视台《新视界》两次专题报道了幼儿园开展亲子活动的情况，《教育导报》《华西都市报》《宜宾日报》《宜宾晚报》也多次对我园的早教活动进行报道。

第三节　带养人教育素质提升模式

——以成都市蒲江县北街幼儿园潭河社区为例

一、创建背景与意义

（一）研究背景

1. 前人的相关研究及结论

我们查阅到了相关的婴幼儿早期教育理论，如：苏联教育学家巴甫洛夫说：

"如果你在婴儿出生的第三天才开始教育，那么你就已经晚了两天。"美国心理学家怀特说："孩子头三年经验的重要性，远远超过我们过去所想象的。对于婴儿和学步的孩子，每个生活中简单的动作都是他们日后一切发展的基础……没有什么工作比抚育头三年的孩子更重要。"诸多的教育学家从理论上为我们阐明了0~3岁儿童早期教育的重要性，让我们认识到0~3岁是人一生中最宝贵的教育时期，早期教育的缺失将终身难以补偿，坚定了我们进行早教方面研究的信心。

我们从中国知网上查找到关于"家长教育素质"的相关文献资料有五百余条，关于"婴幼儿家长教育素质"的相关文献资料非常少，而关于"婴幼儿家长素质提升"的相关文献资料几乎为零。同时，纵观国内关于婴幼儿教育的课程，我们查找到我国江苏省苏州市在对0~3岁儿童教育现状进行充分调查分析与结合当地教育现状的基础上，实践和探索出了一些婴幼儿教育课程模式，如：各基地邀请专家对教师培训，教师通过各种媒体了解婴幼儿教育的动态和信息，结合课题研究，学习相关理论，组织教师撰写论文、编写活动课程，对跟踪的婴幼儿进行测评、对比，为制定下一阶段活动目标作准备。同时，苏州市亲子教育指导中心组织开展"儿童早期发展现状与需求调查"，并和各基地与医院举办"儿童潜能开发与早期教育"研讨班，探讨儿童潜能开发与早期教育的新理论、新技术。在基地幼儿园以2个托班（2~3岁）为研究主体，进行"托班幼儿生活化、区域化教育管理初探"方面的研究等。

根据文献检索及实践研究，发现对婴幼儿早期教育的理论与课程方面进行研究的比较多，也取得了比较多的研究成果，有很多研究成果是本研究值得学习和借鉴的。但关于提升婴幼儿带养人素质方面的研究非常少，同时，目前现存婴幼儿教育课程还需要进一步充实和完善。

2. 蒲江县社区教育现状

（1）农村城镇化与市民素质提升的矛盾。

农村城镇化是中国社会现代化发展的必然趋势。城镇化的过程，既是农业人口身份、生产生活方式城市化的过程，也是农民思想意识和精神生活城市化、现代化、文明化的过程。近年来，蒲江县在奋力推进经济社会发展的同时，大力推进城镇化建设步伐，目前已建成集中居住区32个，入住居民5 122户；在建集中居住区18个，将入住5 285户，共涉及人口近5万人，进城务工人员愈来愈多。调查发现，我县迁入集中居住区的0～3岁儿童带养人的素质提升速度远远滞后于城镇化的进程速度，这部分迁入城镇的儿童家庭成员思想文化素质相对较低，生活习惯较差，教养能力堪忧，这些原因造成他们不能快速地适应社会发展的需要，不能为孩子的成长提供科学适宜的教育，因此，提升这些儿童带养人的素质成为提升家庭教育水平、塑造城镇现代文明生活的迫切需要。

（2）"召集难"是市民素质提升工程的瓶颈。

研究经验证明，成人学习来自其社会角色发展的需要，学习的操纵者是他们自己，学习取向以生活、任务和问题为中心，其学习的活动与生活情境有关，与当前需要有关。成人学习为的是能够立即应用，他们愿意参加契合自己需求的教育活动，如果活动离他们需求较远，活动的参与度会大大降低。蒲江县的成人教育工作由社区教育学院承担，提升市民的素质是推进城镇化进程的重要内容之一，是塑造城镇现代文明生活、使市民快速融入城市生产生活结构的迫切需要，也是摆在社区教育管理部门面前的重要任务。但在实践中他们往往会遇到很尴尬的场面：精心策划组织的社区教育活动，来参与的社区居民却寥寥无几，满腔的投入和冷清的场面，往往让组织者备受打击。来参加活动的社区居民人员太少往往是令社区工作者头疼的问题。而在幼儿园组织的早教活动中却是另外一番景象：每一次的大型早教活动，来参加的家庭一般都有100个左右，参与的不仅有父母，还有爷爷奶奶、外公外婆，甚至孩子的其他亲属。家长们在活动中参与的积极性高，学习态度认真，学习场景温馨感人。同样都是社区教育活动，为什么会有如此大的区别？不难看出，原因在于早教活动中的孩子是每个家长的关注点，"爱子心切""望子成龙"的心理激发了每一个家长学习的主观能动性，才让家长由"要我学习"转为"我要学习"。"召集难"成为蒲江县社区教育工作棘手的问题。由此，我们提出了依托0～3岁儿童早教资源来解决儿童带养人素质提升问题的研究思路，从他们最关心的孩子教育问题入手来提升他们的教育素质。

（3）社区教育资源闲置浪费。

我县的社区教育情况一直以来深受主管部门的重视，从硬件建设到机构设置、人员配备都给予了大量的支持。但是这些资源能否得到有效的利用，是否发挥了最大化的教育作用，在实践中是存在差异的。很多乡镇的社区教育资源出现了闲置和浪费的现象，使用得较好的乡镇也仅是将资源用于成人教育，而用于社区早期教育的几乎没有。①北京师范大学教育学院张燕在《社区教育是幼教事业发展的必然》一文中指出:"我国教育长期以来的一个弊端就是资源短缺与浪费并存,这种状况必须得到改变。应树立'发展幼儿教育的资源就存在于社会、社区'的观念,将潜在的各种人力、物力、财力资源,自然与人文资源有效地加以开发利用。"因此,合理地整合、利用幼儿园、社区教育学院、各乡镇社区教育学校、工作站等资源来开展0~3岁儿童早教活动,无疑会增强社区早期教育的力量,从而拓宽社区服务站的服务功能,满足0~3岁儿童带养人的各种需求。

3. 蒲江县0~3岁儿童早期教育现状

（1）北幼0~3岁儿童早教研究基础扎实。

我县积极探索0~3岁儿童早教方向,依托北街幼儿园（以下简称北幼）建成蒲江县早教中心。北幼是省级示范幼儿园,成都市一级园,全国"心系好儿童"成都市首批示范园,但0~3岁婴幼儿早期教育研究起步较早。2004年承担成都市"十五"课题"利用幼儿园教育资源向社区未入园婴幼儿家庭提供教育指导服务的研究",2008年承担了成都市"十一五"课题"探索0~3岁未入园婴幼儿亲子教育指导策略的研究",创建了北幼早教中心、阳光宝宝亲子园,积累了较为丰富的0~3岁婴幼儿早期教育经验,拥有较强的早教资源优势,有一支受过专业培训、早期教育经验丰富的师资队伍。通过前期的研究,幼儿园探索出了为社区未入园婴幼儿家庭提供教育指导服务的多种形式,幼儿园和社区婴幼儿家庭建立起了友好的早教服务关系。本研究中由早教师资力量雄厚、早教经验丰富的北幼依托社区教育学院、各乡镇社区教育学校、社区教育工作站的教育平台,将早教服务辐射到乡镇居民集中居住点,这对提高广大0~3婴幼儿家庭的教养水平具有现实意义,也是广大0~3岁儿童带养人家庭所期望和渴求的。

（2）带养人教育素质偏低问题突出。

北幼对"蒲江县鹤山镇0~3岁未入园婴幼儿家庭教养现状"进行了深入的调查,了解到蒲江县0~3岁婴幼儿家庭的教养现状及带养人的教养需求。同时,也关注到婴幼儿带养人愈来愈重视早期教育,但其自身教育素质偏低、存在种种陋习的情况非常突出。现象一:早操活动时有的家长把宝宝抱在怀里,相互

---

① 张燕:《社区教育是幼教事业发展的必然》,《幼儿教育》,2004（7）。

聊天，对于响亮的音乐以及领操的老师不闻不问；现象二：集体活动中，老师和小朋友互动时，家长们却聊得热火朝天，对老师和小朋友都视而不见；现象三：活动结束后，书、教具掉了一地，家长只顾照顾自己的孩子，根本不引导孩子收拾整理；现象四：就餐活动时，餐厅取饭口热闹非凡，无数的碗伸在添饭的老师的面前，家长们你拥我挤，责怪声、催促声，声声入耳，而添饭老师不断说着"别着急，人人都有。""你们排队呀！"吃饭时孩子不愿意坐在座位上吃，家长就任由孩子在操场上边玩边吃，操场上很快便是满地的饭粒菜渣；现象五：亲子班放学后，幼儿园游泳池、凉亭、小溪各处散见玩具、尿迹、大便⋯⋯这些问题都反应婴幼儿带养人素质不高。

（3）婴幼儿带养人素质与儿童成长的关系。

著名教育家福禄贝尔曾经说过："国民的生命与其说操纵在当权者手中，不如说掌握在母亲手中。"[①]这句话道出了家庭教育在儿童成长中所起的决定性作用，创造一个适合孩子成长的良好家庭环境已迫在眉睫。要解决这一问题，提高家长素质是关键。《家长教育素质对儿童成长的影响》一文中提道：家长的文化素养好有利于孩子的成长，相反，家长的文化素养差，对孩子的成长很可能起副作用。父母文化素质高，可以在老师课堂之外的时间给孩子适当及时的辅导，对孩子知识的学习和巩固很有利；而且，文化素质高的父母往往懂得如何去教育孩子，如何和孩子进行有效的沟通，更加关心孩子的成长和心理健康，并且普遍注意个人言行给孩子起表率作用。家长的文化素质低下，对孩子的成长有不良影响。据一项对 5 350 名青少年犯罪分子的调查表明，父母只有小学文化的占 83%，父母受过高等教育的只占 5%。我国古谚有云："人性如素丝，染于苍则苍，染于黄则黄"，幼儿期是人一生中最重要的阶段，人的许多基本能力都是在这个年龄阶段形成的，如语言表达、基本动作以及某些生活习惯等，性格也在逐步形成。美国心理学家布鲁姆认为，一个人的智力发展如果把他本人 17 岁达到的水平算作 100%，那么 4 岁时就达到了 50%，4～8 岁又增加了 30%，8～17 岁又获得了 20%。可见幼儿在 5 岁以前是智力发展最迅速的时期，也是进行早期智力开发的最佳时期，如果家长在这个时期所实施的家庭教育良好，将是孩子早期智力发展的关键。

[①] 孙志森：《提高家长素质，增强育人质量》，《教育教学论坛》，2013（7）。

幼儿园十多年的早教实践研究，在促进0~3岁婴幼儿发展的同时，有效地优化了家长的教育行为，提升了家长的教育水平。实践证明，幼儿园组织的婴幼儿早期教育活动既能让婴幼儿接受面向婴幼儿的"早期教育"，促进宝宝健康成长，也能让婴幼儿带养人接受面向带养人的"早期教育指导"。因此，聚焦婴幼儿带养人素质提升问题，从0~3岁儿童早期教育入手，在丰富婴幼儿带养人科学知识及早教技巧的同时，是能潜移默化地提升他们的科学素养和个人素质的。对带养人进行培训指导，调动父亲参与到亲子教育中来，引导婴幼儿带养人提高自身文明、文化素养，指导家长培养婴幼儿良好的行为习惯、个性品质，整合幼儿园资源与社区资源，探索和其他部门的合作等问题都需要我们在课题研究中解决。这样的研究贴近婴幼儿家庭的需求，惠及广大的婴幼儿家庭，既丰富带养人的教养经验，提高带养人的教养水平，又能有效地促进0~3岁未入园婴幼儿的健康成长，对构建学习型社区，提升社会文明程度都有积极的意义。

二、创建过程

（一）研究内容界定

1. 关键词界定

（1）0~3岁儿童早教资源。

在本研究中将0~3岁儿童早教资源界定为：北幼在十多年的研究实践中形成的经验丰富的早教师资队伍，总结提炼出的早教经验，积累的早教课程资源，《0~3岁婴幼儿亲子指导手册》《0~3岁儿童早教园本教材》及一系列设施设备等。

（2）带养人教育素质。

在本研究中，带养人是指在家庭中主要负责照顾孩子生活起居，与孩子接触最多的对象。带养人教育素质主要包含身体素质、文化素质、道德素质、心理素质。带养人的教育素质对孩子的身心发育会产生深远和持久的影响。

（3）早教进社区。

在本研究中将早教进社区界定为：社区教育学院与北幼共同合作，以0~3岁婴幼儿为切入口，抓住社区新市民的需求，以早期教育活动为载体，探索"婴幼儿→带养人→家庭→社区→社会"的社区教育模式。其中，政府提供场地，幼儿园负责师资，社区教育学院负责早教室建设和管理，在县城建立早教中心，在农村建立社区早教点，推进公益早教活动。

（4）资源整合。

在本研究中将资源整合界定为：由县社区教育学院整合各部门资源，建立以政府为主导，以社区教育学院为龙头，以早教中心为主体，以乡镇（街道）社区早教点为基础的0~3岁儿童早教服务网络，开展整合式早教。在这些整合式早教活动中，除了对婴幼儿带养人提供早期教育指导与服务外，还对婴幼儿带养人进行知识文化的丰富、卫生保健咨询、法律法规知识的普及、农业技术指导、生活才艺培训，等等。

2. 研究对象

包含城镇及乡镇在内的0~3岁婴幼儿家庭。

（二）存在的主要问题

（1）推广和拓展北幼的早教经验，建立更多的早教服务点，解决0~3岁婴幼儿家庭教育需求与资源不足的问题，构建为0~3岁婴幼儿家庭提供教育指导服务的教育网络。

（2）探索有效的指导策略，解决带养人素质提升问题，优化婴幼儿带养人观念及教育行为，为婴幼儿健康成长创造有益的成长环境。

（3）广泛发掘和利用社区内教育资源，有效开展社区早期教育，解决社区教育资源闲置和浪费的问题。

（4）将幼儿园教育资源有效利用，采用"走进社区""请进园所"的方式，为广大婴幼儿家庭提供教育指导服务，解决城镇及农村婴幼儿家庭的不同教育需求问题。

（5）多种途径调动0~3岁儿童带养人的学习主动性，解决"召集难"的问题，促进学习型家庭建设。

（三）研究设计

1. 研究总体目标

（1）依托0~3岁婴幼儿早教资源，在蒲江推广传播早教理念，提升婴幼儿带养人的家庭教养水平，优化婴幼儿成长环境。

（2）依托0~3岁婴幼儿早教资源，多种形式开展丰富的活动，探索出适合蒲江的社区早期教育活动模式。

（3）依托0~3岁婴幼儿早教资源，提升婴幼儿带养人素质，从而辐射到其家庭其他成员，进一步推进学习型家庭的建设，从而丰富社区成人教育的模式。

2. 研究阶段实施目标

第一阶段（2014年9月—2015年6月）：研究准备阶段。

（1）组建课题组，收集研究资料，储备理论知识。

（2）撰写研究方案，完成课题申报工作。

（3）开展蒲江婴幼儿带养人素质的现状问卷调查，完成调查报告。

（4）开展0~3岁婴幼儿教育理论知识、教学能力、指导策略培训，提高幼儿园教师教育指导0~3岁婴幼儿及带养人的水平。

（5）加强0~3岁婴幼儿早教中心的管理和服务功能的开发，尝试与社区服务站、医院、妇联等合作的策略。

第二阶段（2015年7月—2016年8月）：研究实施阶段。

（1）在县城和农村各选一个社区作为试验点，采取多种方式开展相关的教育服务活动，以点带面，将试点经验推广到蒲江的其他社区，扩大课题研究的影响面，让早教活动辐射更多的婴幼儿家庭。

（2）以早教活动为载体，充分利用幼儿园资源，结合婴幼儿家庭的教育需求，采用有效的方式为婴幼儿家庭提供教育、文明礼仪、法律、理财、就业培训等服务。

（3）定期组织早教教师进行培训，开展课题研究专题讨论，经验交流共享活动，提升早教教师指导0~3岁婴幼儿早教家庭的能力。

（4）构建亲子教育活动园本课程，编写适合婴幼儿带养人学习的教育读本。

（5）开展"早教进社区"项目推广活动，将蒲江经验辐射和推广出去。

第三阶段（2016年9月—2017年6月）：研究效果检测及总结阶段。

（1）通过调查、访谈等形式对本课题研究效果进行检测、评估。

（2）梳理、完善、固化课题研究成果，汇编出0~3岁婴幼儿早教的园本课程、典型案例集、论文集等。

（3）整理完善反映研究过程和研究成果的各种资料，撰写研究报告、工作报告，通过分析、综合形成最终的研究成果，为结题做好各种准备。

3. 研究主要方法

调查法。利用调查问卷，了解蒲江婴幼儿带养人素质现状、教育抚养态度、教育需求等；通过对家长和教师进行调查，了解蒲江、成都早教发展现状，为课题研究方向及思路提供依据。

典型推广法。第一期先在县镇和乡镇各选一社区作为试验点，建立早教室，在此基础上总结经验；第二期在蒲江其他社区推广，以"以点带面，逐个建立"的方式将有效经验进行推广、验证、传播。

观摩研讨法。北幼总园早教点和西来早教点向本园教师和蒲江的其他幼儿园教师开放，教师定期不定期地观摩学习和研讨，从而不断提升早教教师专业素养，培养早教教师队伍。

行动研究法。通过提出设想→付诸行动→反思总结→调整优化的思路进行实践研究，以早教活动为载体，让婴幼儿带养人在活动中体验、感悟、反思，从而达到提升其素质的目的。

经验总结法。定期总结课题研究中的心得、体会与经验，形式包括教师手记、理论学习、学习故事、阶段研究总结、论文等，并以教育理论和教育实践为支撑，不断提高课题研究的应用价值。

送教上门法。课题组成员进入到0~3岁婴幼儿家庭，为他们提供教育咨询、教育指导服务。

主题活动法。每一次大型早教活动确定一个主题，围绕主题开展相关的活动，如"把教育的视线延伸到孩子出生的那一刻""如何与宝宝有效互动""爸爸陪我一起玩""做孩子的朋友"等，有针对性地向婴幼儿带养人传递科学教育理念和方法。

4. 研究创新之处

（1）创新社区教育模式。

本研究中以0~3岁未入园婴幼儿家庭为切入点开展的社区教育活动，是社区教育工作中的一种新形式。这种模式将着眼点放在社区内每一个婴幼儿，而社区中的每一个家庭都会经历结婚、生子、养育孩子的过程。关注每一个婴幼儿实际上就是关注了每一个家庭，每一个市民。在0~3岁婴幼儿早教活动中，我们将工作重点放在家长、家庭以及社区公众，通过教育婴幼儿，进而影响家长，这对于提升0~3岁婴幼儿带养人的素质无疑是一种有效的形式，对最终形成全民学习、终身学习的学习型社会具有推动作用。

（2）建构社区教育资源整合理论。

本研究让我们进一步认识到要为社区全体成员提供教育服务，就需动员社区各方面力量乃至全体成员广泛参与，将社区内教育、卫生保健、文化娱乐、社会服务、福利保障等相关部门及工作有机联系起来，有效地整合各种资源，开展适合本社区需要的多种形式的教育服务，推动家庭、机构和社区的合作。在研究中，幼儿园与社区教育学院、社区教育服务站、妇联、政府等部门的合作，就是一种资源的整合，有利于搭建终身学习"立交桥"，促进各级各类教育纵向衔接、横向沟通。这种整合的理念是新形势下的社区教育应该遵循和实施的。

（3）丰富家长素质与儿童成长的关系论。

在我们的研究中，研究的主体是婴幼儿和家长，婴幼儿成长与家长素质之间的关系已有不少相关的结论。如心理学研究表明：幼儿期家庭对孩子的个性品质和行为习惯的形成影响最大。家长的道德素养、价值取向和言谈举止以及家庭的氛围等时时刻刻影响、塑造着孩子。在我们的研究实践中，幼儿健康成长和家长素质提升是一个相辅相成的关系，抓好婴幼儿教育的同时，会促进家长的主动学习。同样，做好了家长素质提升的工作，将更有利于婴幼儿的健康成长。因此，我们的研究实际上是一个"小手拉大手，孩子家长共成长"的教育工程，这样的研究将进一步丰富家长素质与儿童成长的关系论。

5. 研究预期效果

（1）探索出多种方式更新婴幼儿带养人教育观念，提升带养人教育素质。

行为改变需要理念先行，做好婴幼儿家长的宣传工作是开展早期教育指导的首要任务。在本课题研究的过程中，我们将采用如走入社区、发放资料、宣传互动等针对不同家长群体的需求，搭建多种方式的早教学习途径；以亲子园活动为载体，在教师示范与指导中不断向家长渗透早教新观念等形式，不断更新婴幼儿带养人教育观念，通过如开设"父母小课堂"，每次着重解决一个主要问题；建立早教微信群，在微信平台中，家长与家长之间、家长与教师之间积极探讨，交流分享的途径从而有效提升带养人的教育素质。

（2）联动多方资源，构建起早教服务网络。

通过本研究的实践，将建立起以社区教育学院为主导，省级示范幼儿园北幼为中心，以各乡镇社区教育服务站为网点，以各种教育形式相结合的0~3岁婴幼儿早教服务网络。这样的网络覆盖面更广，服务功能更强大，将真正实现0~3岁婴幼儿及家长、看护人能够普遍接受早期教育和教育服务的目标。

（3）形成"教育一个孩子，带动一个家长，改变一个家庭，辐射一个社区，影响整个社会"的局面，营造健康、和谐的社会环境。

我们在研究实践的过程中，利用0~3岁婴幼儿早教平台解决社区居民"召集难"的问题，在推广早期教育的同时，期望能完成成人教育的任务，并且幼儿园将与社区教育学院合作形成强大的合力，双方优势互补，从而形成"一个孩子带动一个家庭，一个家庭辐射一个社区，一个社区影响整个社会"的局面，让成人教育和早期教育同步进行，促进家庭和睦，营造健康、和谐的社会环境。

（4）构建有关婴幼儿早期教育及带养人教育素质提升的课程。

我们期望通过本研究探索出丰富多样的早教课程，让每一天的亲子活动都能吸引孩子和家长，让他们每一次来都学有所获。有课程作支撑，就能将北幼的经验、做法进行复制和推广，让更多的教育工作者和家庭受益。因此，我们成立课程开发小组，用心研发、构建起形式多样化的课程，如微课程、亲子教育案例、早教教学课程、活动画册等，以此来提升带养人素质，同时，对早期教育服务模式起到一定的推动作用。

6. 研究组织

表4.3　研究组织

	姓　名	单　位	职称	承担任务
课题组主要成员	王红宇	蒲江县北街幼儿园	园长	课题组组长，负责课题的管理工作
	孙凤霞	蒲江县北街幼儿园	书记	负责研究的具体实施和管理，指导课题组开展工作
	王海霞	蒲江县北街幼儿园	副园长	负责幼儿家庭教养方面经验的收集、整理，形成家庭教养指导手册
	徐庆华	蒲江县北街幼儿园	分园执行园长	负责各种类型案例的收集、归纳，指导策略的总结和提炼，形成后期研究成果
	何涛	蒲江县北街幼儿园	教研组长	负责收集、整理能够提升0~3岁婴幼儿带养人素质的策略并总结、提炼
	李珊珊	蒲江县北街幼儿园	保教主任	负责课题方案制定、问卷调查工作的实施和调查报告、阶段报告的撰写

续表

	姓名	单位	职称	承担任务
课题组主要成员	龚静	蒲江县北街幼儿园	教科室主任	负责活动方案的制定及课题的宣传、展示、总结活动
	杨利	蒲江县北街幼儿园	教研组长	负责优秀教育随笔和理论学习的收集、整理
	徐梦玲	蒲江县北街幼儿园	教研组长	负责早教的歌曲、游戏等收集、归类、整理
	杨樊	蒲江县北街幼儿园	西来分园执行园长	负责组织早教师资培训，开展公益早教活动

7. 研究结果

问卷调查一

本研究参照现有的文献资料，结合研究实际，编写了《未入园婴幼儿家庭问卷调查表》，对蒲江县 0~3 岁未入园婴幼儿带养人进行问卷调查。发出问卷 100 份，其中北幼 50 份，收回 50 份，有效问卷 50 份，回收率为 100%，有效率为 100%。；联盟园 50 份，收回 50 份，有效问卷 50 份，回收率为 100%，有效率为 100%。

1. 婴幼儿带养人调查问卷包括以下四个方面的内容

（1）婴幼儿带养人的基本情况，主要包括年龄、性别、学历、与孩子的关系等情况。（第 1、2、13 题）

（2）婴幼儿带养人的教养观念，主要包括带养人对亲子教育的认识，对自身榜样作用的认识，对婴幼儿自理的认识，对婴幼儿行为规范的认识，对婴幼儿交往的认识等情况。（第 6、7、8、9、10、17、18、19 题）

（3）婴幼儿亲子教育情况，主要包括环境投入、时间投入等情况。（第 3、4、5、11、12 题）

（4）婴幼儿带养人接受继续教育的情况。（第 14、15、16 题）

2. 结合数据得出以下结论及思考

（1）0~3 岁未入园婴幼儿家庭祖辈带养人居多，父教缺失较为明显。

调查发现蒲江县未入园婴幼儿的带养人的文化程度普遍偏低，一般来说，家长的文化程度决定着家长的教育水平，因此，大部分的调查对象教育水平偏低，急需开展相关的培训。另外，祖辈参与带养婴幼儿的情况居多，祖辈带养人共有41人，占41%，祖辈带养人在生活上过度地关照，安全上过度地担忧，对于教育、习惯培养方面的认识不够，他们的带养方式往往会影响孩子的健康成长，这部分家长急需长期的引导。教育是父母的责任，我们在研究中还要注意调动起父母的教育责任感。据进一步统计发现，未入园婴幼儿带养人是女性（奶奶、婆婆、母亲）的有88人，占88%，男性（爷爷、外公、父亲）的有12人，占12%。可见，"父教缺少"在蒲江县未入园婴幼儿家庭中非常普遍，怎样缓解"父教缺失"的现象，也是我们研究的一个方向。

（2）0～3岁未入园婴幼儿带养人存在"高期望"与"低水平"的矛盾。

调查发现大部分的带养人还是能够正确认识到亲子教育的对象，不仅是孩子还有家长，他们也有主动积极配合老师的意识，能认识到自己要做孩子的榜样，鼓励孩子自己的事情自己做，这些都为我们进一步开展研究奠定了基础。但是我们也发现，一部分带养人不太注重对孩子行为规范的教育，比如，没有重视对孩子从小渗透"不是自己的东西不拿走"的意识、不乱扔垃圾的意识、根据信号灯指示通行的意识等意识的培养，在言传身教方面做得还不够好。我们应当清楚地认识到，农村精神文化生活和继续教育的缺失使得广大家长普遍缺乏教育学、心理学、儿童营养健康学、家庭教育学等方面的基础知识，导致家长的"高期望"与"低水平"的矛盾。作为早教机构和社区教育机构，有责任在今后开展这样的培训、活动，以此丰富家长的教育经验，规范家长的言行，为孩子营造良好的成长环境，缓解家长的"高期望"与"低水平"的矛盾。

（3）未入园婴幼儿父母在亲子教育中的参与程度有差异。

调查发现，大部分未入园婴幼儿带养人都来参加过幼儿园的亲子活动，这为我们依托0～3岁婴幼儿早教资源开展进一步的提升带养人素质的实践研究提供了良好的基础。大部分带养人每天都会陪孩子，进一步调查发现他们空闲时间最重视对孩子的体育锻炼，其次是重视参加亲子教育活动。另外，我们欣喜地看到带养人陪伴孩子参加幼儿园亲子活动，说明带养人对教育的重视。但也有一小部分带养人陪孩子的时间比较少，甚至没有时间陪孩子。父母在早期教育中的参与对儿童社会、情感、认知、行为等各方面能力的培养都具有重要的、不可替代的影响。我们在下一步研究中，要唤起带养人对陪伴孩子重要性的认识。随着物质生活水平的提高，带养人开始关注精神层面的需求，这是一种好的趋势。我们可以抓住带养人的这种需求，开展形式多样的早教活动，在提高带养人教养水平的同时，丰富带养人的精神生活，满足他们的需求，从而在"润物细无声"中达到提高带养人素质的目的。

（4）对婴幼儿带养人的继续教育还需加强。

调查发现，有接近一半的婴幼儿带养人还没有参加过教育孩子方面的培训，大部分婴幼儿带养人都愿意通过学习、培训，丰富自身育儿经验。带养人有这样的意识是我们开展相应培训活动的基础。进一步调查带养人关注哪些知识的学习，发现他们最关注的是营养健康的知识学习，其次是电脑网络、种养殖等，也有几位带养人在其他那栏填写了育儿知识。在园幼儿及中小学生家长有所在的家长学校对他们进行继续教育，而这些未入园婴幼儿家长的继续教育应该由谁来组织？这是我们需要去探索和实践的事情。

问卷调查二

我们设计了《成都市早教机构发展现状问卷调查——家长卷》和《成都市早教机构发展现状问卷调查——园长卷》，在成都市早教机构中进行问卷调查，对成都市范围的早教现状进行了调查。此次问卷调查，发出问卷210份，成都一二三圈城各70份，一共收回问卷198份，回收率94.3%，有效问卷193份，有效率为91.9%。

1. 婴幼儿带养人调查问卷包括三个方面的内容

（1）相关的基本资料，主要包括宝宝年龄；家长文化程度、职业；家庭收入等（家长卷前6道题，园长卷1~3）。

（2）早教机构开展情况，主要包括早教开展的环境（家长卷1、13，园长卷9），效果（家长卷2、3、4、5、9，园长卷10），收费情况（家长卷7、8、11、12，园长卷16~20）等。

（3）教师基本情况，主要包括早教教师情况（园长卷5~8）和指导婴幼儿家长情况（家长卷6，园长卷11~15）等。

2. 结合数据得出以下结论及思考

（1）早教活动的开展符合婴幼儿家庭需求，家长们期望值较高。

有近80%的婴幼儿家长期望在早教机构里让自己和孩子得到专业教师的指导，可见婴幼儿家长在观念上已经非常重视早期教育，并且对自己在亲子教育活动中的角色有了准确的定位，即自己和孩子都是学习者。

（2）婴幼儿及带养人参加早教活动之后的成效明显。

值得欣慰的是，有90.1%的婴幼儿家长认为早教机构的宣传与实际教学、服务结果是完全一致或基本一致的，有66.8%的婴幼儿家长认为在早教机构参加活动后孩子的情商、智商得到提高，有93.2%的家长认为自己带孩子参加早教机构的活动之后，教养能力有所提高。这些良好的反馈证明了早教机构工作的成效，有利于调动早教机构工作的积极性。同时，从政策层面上佐证了早教机构存在的重要作用。目前，就成都市而言，各地早教机构的数量是远远不能满足婴幼儿家庭需求的，尤其是县、镇、社区一级，不少地方还没有早教机构，真正能享受到优质早教服务的家庭是极其有限的，因此，着力发展早教机构的建立及公益早教的普及应是主管部门推动早教事业发展的首要任务。

（3）规范并研究开发科学的早教课程。

据调查显示，家长们对早教机构的课程有明确的要求，其中有72%的家长期望早教机构能为孩子的发展提供动作、认知、情感、交往等方面的支持，因此，早教机构要根据婴幼儿发展的规律和成长的需要，科学设置早教课程，促进婴幼儿的全面发展。要避免将幼儿园小班的课程直接借用到早教班，也要杜绝早教教师忽视婴幼儿发展需求，随意地安排课程。在调查中，各早教机构的课程设置参差不齐，不少早教机构的教师盲目选用教材，忽视0~3岁婴幼儿身心发展规律及学习特点，选用了一些不利于婴幼儿发展的活动、游戏，而0~3岁婴幼儿早教领域缺少如《幼儿园教育指导纲要》或《3~6岁儿童学习与发展指南》指导性文件的规范与引领，因此，急需出台相关的纲领性文件，从婴幼儿发展的专业角度规范早教课程。

（4）早教机构的服务功能需多样化。

调查中有不少家长希望早教机构能为孩子的发展水平提供测查与评估、为家长提供教育咨询服务。可见早教机构除了主要的教育教学工作，在婴幼儿家长的心目中还需要兼具有评估、咨询等服务功能。这对早教机构来说，是一种新的挑战，同时也是一种新的发展方向，在未来的社会中，能具有多种服务功能的早教机构一定能有更好的发展空间，更受婴幼儿家长的欢迎。作为早教机构应当具有前瞻意识，根据婴幼儿家长的需求去整合能整合的资源，如：妇幼保健院、月嫂家政服务中心、妇联、家庭教育中心等，为婴幼儿家庭提供全方位优质的服务。

（5）早教机构收费不菲，公益早教为婴幼儿家庭所期待。

就早教机构每节课的收费情况来看，有58.5%的收费在50~100元，有41.4%的收费在50元以下。调查发现，收费的高低决定了婴幼儿家庭参加早教活动的次数。对收费50元以上的机构，很多婴幼儿家庭只能选择一周参加1~2次，而收费 50 元以下，婴幼儿家庭则可以选择一周上 4~5 次。目前早教机构的收费也属于较混乱的状态，不少装修高档、设备先进的私立早教机构此次未在调查范围，但据了解他们的收费更是在 100 元以上，让很多家庭望尘莫及。高收费是否就是高质量？如何核定收费标准？由谁来评估早教机构的办学质量？这些都是早教领域目前的空白，需要相关机构进行研究与规范。

调查发现大部分早教机构开展过公益早教，但是参与调查的家长参加过公益性早教的概率较低，才 32.1%。原因是不少早教机构的公益早教是在机构开办初期，为宣传吸引婴幼儿家庭而开展的，次数少且辐射范围小，所以参加过的婴幼儿家庭数量较少。还有早教机构的公益早教是家长缴纳一定的费用后，以赠送的方式让家长享受 1~2 次免费的活动，这种非开放性的公益早教活动，所能受益的婴幼儿家庭数量也是很有限的。调查显示，希望参与到公益性早教中来的婴幼儿家庭有 83.3%。可见，公益性早教的开展还需加强辐射范围和活动频率。

（6）早教师资力量亟待发展壮大。

调查中发现早教教师受尊重的概率较高，社会地位的提高，有利于早教机构吸引更多的优秀教师。在师资管理方面趋势也较好，因为大部分园长，不仅重视教师的爱心、耐心、责任心等优秀品质，还重视教师的职业资格和专业背景及后期的相关培训。但是在早教师资的数量及质量上，现状是不容乐观的。很多幼儿园的早教教师都不具备"上岗资格证"，不少都是直接上岗或进行短期培训后转岗的，在专业性上缺乏深厚的理论基础。随着公益早教的普及与推广，需要有充足的早教师资队伍，才能胜任该任务，因此重视并培养大量的早教教师，是各个学前教育学院在专业设置和规划方面应当考虑的。

三、创建成效

（一）多种方式有效提升婴幼儿带养人教育素质

婴幼儿带养人的教养态度，是其教育观念、情感的反映，并转化为教育行为表现在家庭生活中，直接影响孩子行为。我国台湾学者朱瑞玲提出："自婴儿时期开始，一直到青少年阶段，父母的教养或纪律方式成为子女人格、认识能力及社会行为发展的基本要素。"对于 0~3 岁婴幼儿来说，各种层次的环境中最重要的是家庭环境。带养人是他们生命中的重要人物，带养人的儿童观、教育观、文化素养、性格好坏、精神面貌直接影响着0~3岁的婴幼儿。可以说，带养人的素质在很大程度上决定了孩子的发展。因此，我们0~3岁婴幼儿早期教育工作中的重心，从教育、指导婴幼儿转向教育、指导带养人。

（二）实施多渠道宣传，更新带养人教育观念

行为改变需要理念先行，做好新市民婴幼儿家长的宣传工作是我们开展早期教育指导的首要任务。在与农村婴幼儿家长的交流中，明显的感受到他们在教育孩子上面有着较多的困惑和误区，我们通过多种方式向他们传播早教科学新观念。

1. 走入社区宣传，与乡镇医院、乡镇社区办公室合作

我们针对年轻父母、祖辈带养人准备了不同的宣传资料，通过乡镇卫生院、乡镇社区教育办公室向婴幼儿家庭发放资料。在西来镇，我们利用乡镇卫生院每月为婴幼儿打预防针的机会，在医院设立宣传点，向婴幼儿家长发放早期教育宣传资料，接受婴幼儿家长的咨询。在一次次的宣传、互动中，家长们对早期教育有了一定的认识，索取资料、主动咨询的家长越来越多。长秋石马新村是一个集中居住了800户人口的小区，乡政府的社区教育办公室就设在小区内。我们与社区办公室合作，将早教资料交给他们，他们则通过居民户籍信息，将资料逐一送到婴幼儿家长的手中。

蒲江县社区教育学院积极的参与到我们的课题研究中，发挥他们的资源优势，增强了课题组的力量。北幼的早教宣传工作在社区教育学院的带领下开始走进各乡镇，为社区居民提供了发放资料、教育咨询、现场体验亲子游戏的服务，将早期教育新理念广为传播。

2. 搭建宣传平台

不同年龄、不同学历的婴幼儿家长获取信息的渠道是不同的，年轻家长喜欢利用网络、电子书籍、微信、QQ空间等方式获取教育信息，而老年家长则喜欢通过报纸、书籍、交流、培训等方式获取教育经验。针对不同群体的需求，北幼为婴幼儿家长提供了多种方式的早教学习途径，如推荐网站、书籍，建立QQ群、微信群，开放幼儿园的图书室，在社区设立早教资料领取点，定期开展培训，张贴宣传画报，等等。通过这种全方位、多渠道地宣传，有效更新婴幼儿家长观念，营造良好的婴幼儿教育氛围，为早期教育活动的有效开展和婴幼

儿家庭的积极参与奠定基础。

3. 利用活动渗透，授之以鱼并授之以渔

理论与实践的有机结合才能促进行为的真正转变。我们以亲子园活动为载体，让婴幼儿家长在陪同宝宝活动的过程中，体验早教活动的快乐与价值，同时在早教教师的示范与指导中不断向婴幼儿家长渗透早教新观念。在我们的早教活动中，我们的教师有着明确的角色定位，他们将婴幼儿和家长同时作为指导对象，在早教活动中予以兼顾。在为宝宝介绍材料的玩法时，他们用生动的语言、直观的示范调动宝宝参与的积极性，同时他们还会用简短、浅显的语言告诉家长这个材料对幼儿的发展价值，"授之以鱼"的同时也"授之以渔"。有了理论层面的引导，婴幼儿家长们才能举一反三、融会贯通，将早教活动中学到的经验延伸到家庭中。

4. 开设父母小课堂，培训与实践并重，提升家长教育素养

"如何成为一个合格的父母"是每一个做父母或即将做父母的人需要思考的问题，如果我们的国家实施"每个适龄父母应取得上岗资格证后方可做父母"的要求的话，那我国家庭教育的很多问题必将会得到缓解或避免。然而，我们的实际生活却是很多年轻人还未做好当父母的心理准备及知识准备，就懵懵懂懂地做了父母。为婴幼儿家长补上欠缺的早教知识是我们意识到的责任。为此，我们改变了过去亲子活动就只是家长带宝宝参加亲子游戏、发放资料的做法，而是在活动开始之前开设了"父母小课堂"。之所以称之为"小课堂"，是因为组织时间不长（半小时之内），还有一点是培训课程着眼点小，每次解决一个主要问题。例如：在西来幼儿园的"父母小课堂"上，我们重点给他们讲了婴幼儿阶段的关键期特点及如何把握。家长们对宝宝生活中的特殊表现一下子找到了理论依据，明白了这些行为正是宝宝关键期的表现，让家长们更科学地了解儿童的成长特点。在石马新村的"父母小课堂"上，我们则对"带养人行为对宝宝发展的影响"进行了分析和培训，让婴幼儿家长懂得了"言传身教""以身作则"的重要性，从而自觉地规范自身的言行，努力做一个文明、向善、宽以待人的带养人。在城区的"父母小课堂"上我们则为带养人们进行了"0~3岁宝宝这样成长"的培训，让带养人们了解各个月龄的孩子在动作、语言、认知方面的主要表现，更加科学客观地评价自己的宝宝。

图 4.49　活动前的"父母小课堂"

通过实践，我们发现这样的小课堂很受家长欢迎，短小精干，信息明确，易于家长理解和内化。在"父母小课堂"之后我们才开展亲子活动，有了前面的培训、指导，家长们在后面的活动中更加积极参与，能更好地领会活动的教育意图，更科学地观察指导宝宝。如今，"父母小课堂"已经作为北幼亲子课程体系中"带养人素质提升课程"的重要内容及形式之一，在每一次的早教活动中一以贯之，在这样点点滴滴、日积月累的渗透中，带养人的教育观念、教养能力、教育素质、文明程度都发生了可喜的变化。

5. 开展"0～3亲子DIY"，促进宝宝与带养人共同进步

"亲子DIY"是由教师介绍某种玩具的教育价值，所需的基本材料，由家长和宝宝一起收集。每一次家长们都非常积极，在老师的指导下大胆创新，我们制作了精美的操作材料，让资源得到共享。通过亲子DIY活动，家长有了家园合作共育的意识，有了培养宝宝自理能力的意识及方法，同时，教育观念得到更新，科学为宝宝提供玩具的经验得以丰富；并且在制作的过程中增进了一家人的情感，让每一个家庭其乐融融，真正实现了家长和孩子的共同进步。

（1）

（2）

（3）　　　　　　　　　　　　　（4）

图 4.50　亲子制作的部分教玩具

6. 微信互动，名师指导

微信因其快捷、方便，成为当前信息传播及交流最受青睐的方式，考虑到很多年轻父母因为忙于上班，没时间陪孩子参加早教活动，我们特地建立了早教微信群，由亲子班班主任李老师负责。李老师有着丰富的理论知识，再加上常年从事亲子教育研究的积淀，她让亲子微信群成为家长交流互动及提升家长教育素质的高效平台。她坚持在群聊里面每天一话题、每周一主题，并采用语音和文本两种形式跟家长分享她的育儿经验。

群聊话题来源有以下几个渠道，一方面是教师们在亲子教育过程中看到的不好的现象，另一方面是亲子班教师们在教育实践中的感悟。另外，她还开设了热点话题栏目，这个栏目的话题都是孩子们普遍存在的共性问题，也是家长们共同关心的话题，因此每个话题都能够起到抛砖引玉的作用，在群里引起家长们的共鸣。比如：在分享关于"孩子任性怎么办"的主题时，家长们纷纷表示孩子们有类似的行为，也贡献了自己的处理办法；比如在"学会鼓励孩子"的主题中，有家长给大家推荐"集星星奖励法"，家长们在实践中提出疑惑：孩子做什么都问有没有星星怎么办？马上就有家长将自己的办法分享给大家。

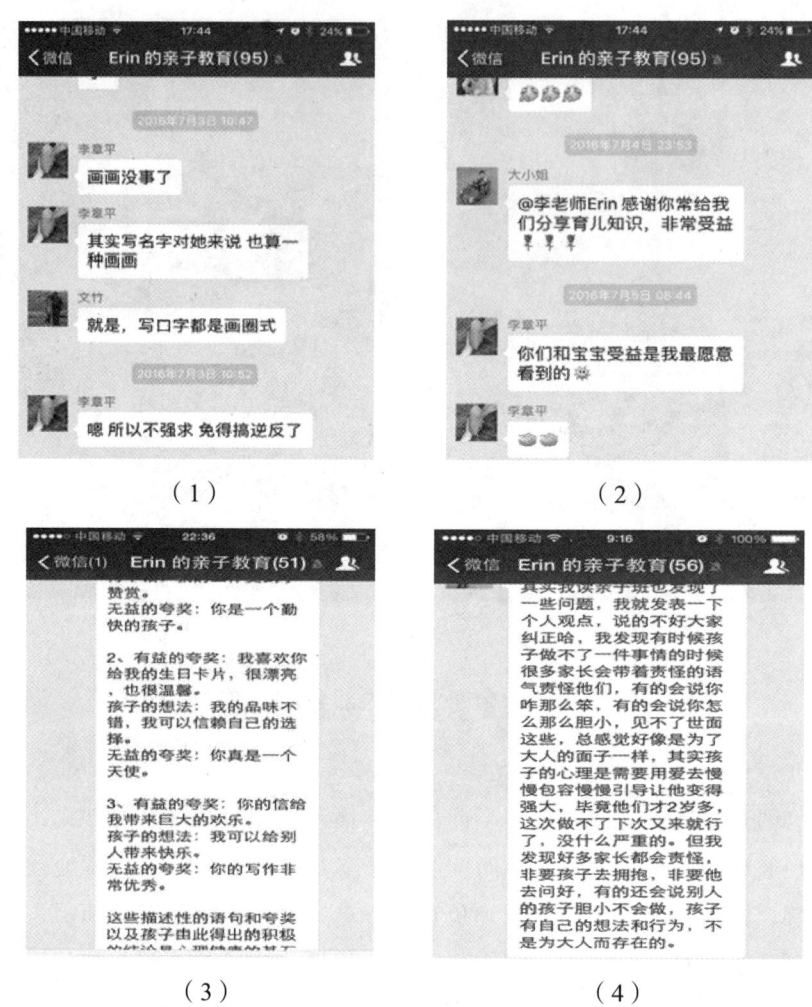

图 4.51　教师与家长分享亲子教育理念

建立微信群，教师有针对性地解答家长的困惑，解决预约问题，对话题进行聚焦、总结后形成经验文章，再以微博的方式与家长分享，家长们在讨论的过程中很受启发，对树立家长科学的育儿观是一种行之有效的方法。

7. 倾情关怀，让孩子在个性化的指导中受益

每个孩子的个性、发展水平是有差异的，在亲子班这样的群体中，教师能客观地了解到各个孩子的特点，也能了解到一些带养人的困惑。针对每个孩子的个性、不同父母的困惑，教师以"个案研究"的方式给予个性化的指导。下面是早教教师的个案研究手记：

案例一：胆小的菲菲

菲菲做事退缩，胆小，不敢离开婆婆半步。经过一段时间的观察后，我和菲菲妈妈进行了交流，在交流中我找到了问题的源头在于家长的教育方法不当，于是我们给妈妈提出了一些建议，最主要的是全家人要多用赏识的眼光看待孩子，并学着每天赏识孩子，一方面，我们开展了一周的主题活动"你会夸奖孩子吗？"，对如何鼓励孩子做了深入浅出的讲解；另一方面，我们让妈妈写"妈妈日记"，记录孩子让人赏识的地方，以及妈妈是如何鼓励孩子的话语，并定期给我们批阅，目前妈妈已经坚持了三周，对于妈妈做得好的地方我们及时给予了肯定，对于妈妈疑惑的地方，我们与妈妈交流并提出了我们的建议和意见。我们很高兴地看到妈妈慢慢在尝试着用赏识的眼光观察孩子，并学会了如何及时鼓励孩子，使其取得点滴进步。更让我们高兴的是，我们听到了孩子悦耳的笑声，看到了孩子脸上洋溢的笑容，感受到了孩子渴望探索更宽广的天地……

案例二：大吼大叫的洋洋

洋洋特别爱大吼大叫，还要打奶奶，我们邀请妈妈到幼儿园进行了专门的交流了解，找到了原因：第一是洋洋模仿爱看的动画片里吼叫和打斗动作，第二是奶奶每晚回家都大声叫亮感应灯，洋洋跟着奶奶一起叫，这些都给了洋洋不好的示范。我们商量的解决办法是切断源头，不看类似的动画片，奶奶换一种方式弄亮感应灯。另外，我们还要给孩子创设良好的语言环境，轻声细语地跟孩子说话，讲故事等，目前孩子在幼儿园大吼大叫的情况明显好转，但是还需要进一步跟进。

案例三：喜欢翻抽屉的佳佳

佳佳总是喜欢翻抽屉，把家里翻得乱七八糟，妈妈带她去别人家的时候特别尴尬。我告诉妈妈"孩子的智慧在手指尖上"，孩子对世界充满着好奇，并喜欢用手去探索这个世界，这是完全符合孩子天性的表现。妈妈的困惑是：孩子翻抽屉把家里搞得很乱；孩子在别人家也翻抽屉的话，很没有礼貌。我们的建议是：第一，可以买那种多层的塑料抽屉，根据需要在抽屉里藏东西，比如这段时间在认颜色，可以在不同的抽屉放不同颜色，让孩子去找；比如这段时间在认识水果，可以在不同的抽屉放不同的水果，让孩子自己去探索……根据孩子的能力发展，投入的抽屉从两三个到更多个，让孩子经历从易到难的发展过程。这个办法既可以满足孩子探索世界的需要，又避免孩子将家里翻乱。第二，到别人家做客的时候，为了避免尴尬，妈妈要提前跟主人交流；也要提前跟孩子约定，别人家的抽屉能不能翻呢？妈妈和孩子说了都不算，要问主人，主人不同意就不能翻，这是必须遵守的规则和做客的基本礼仪，否则下次就不能再去做客了。

像这样接受我们个性化指导的孩子还有很多，例如：一着急就自己打自己的璇璇，不开口说话的豪豪，爱打人的龙龙，活动中总是黏着妈妈、让妈妈抱的羽羽，非常爱哭的蕊蕊，走路等动作不协调的丁丁，不允许别人靠近老师的岚岚……在个性化的指导中，带养人能就自己孩子身上的问题与指导教师深度交流，并享受到指导教师动态的指导，对解决教育问题非常有实效，同时对带养人自身教育水平、教育素质的提高有积极的意义。

另外，我们还通过让家长写教养笔记的方式进行个性化指导。家长们将自己平时观察到的幼儿行为进行记录，再由早教老师分析、解读，提出较专业的育儿建议，为家长对幼儿的日常教育提供专业支撑。

家长笔记：

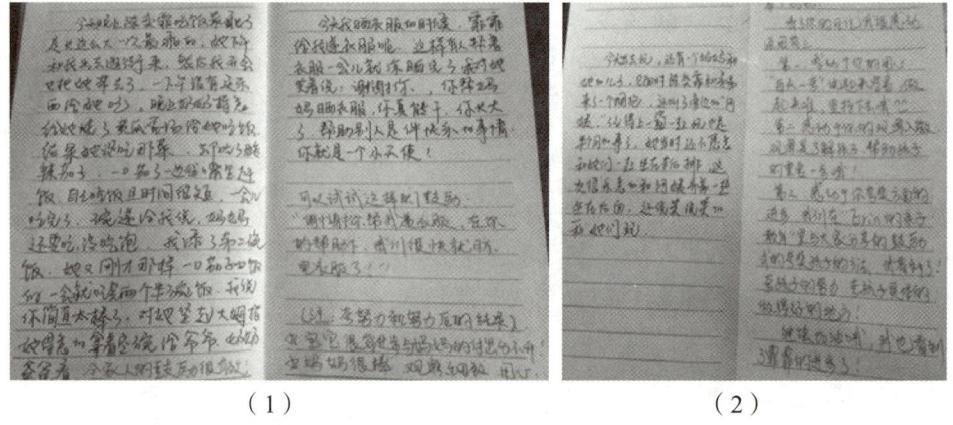

（1）　　　　　　　　　　　　　　（2）

图 4.52　家长所做的教养笔记

（三）开设普惠性+公益性早教服务模式，服务更多婴幼儿家庭

课题组曾就"成都市早教发展现状"进行了调查，发现早教机构收费的高低决定了婴幼儿家庭参加早教活动的次数。对收费 50 元以上的机构，很多婴幼儿家庭只能选择一周参加 1~2 次，而收费 50 元以下，婴幼儿家庭则可以选择一周上 4~5 次。目前早教机构的收费也属于较混乱的状态，不少装修高档、设备先进的私立早教机构此次未在调查范围，但据了解他们的收费几乎在 100 元以上，让很多家庭望尘莫及。为此，我们决定以"普惠性+公益性"的服务方式满足本地区婴幼儿家庭的需要。

1. 针对0~3岁儿童家庭开设阳光宝宝亲子班，实施普惠性服务

针对城区0~3岁儿童家庭，北幼提供的是普惠性的早教服务。从周一至周五，婴幼儿家长都可以到幼儿园上半天的早教活动，并能在幼儿园吃一顿营养午餐。这一点让很多外地婴幼儿家庭所羡慕。因为当今各地早教机构的收费都较昂贵，不菲的费用让很多婴幼儿家庭只能承受一周最多两次的早教服务，而且是要有良好的经济为基础。而在蒲江，每天只需花上20元左右即可享受每周5次的早教服务。这样的服务模式被誉为"老百姓上得起的早教"，在全省都是独一无二的，北幼这样利用幼儿园的教育资源为0~3岁儿童家庭谋福利的做法赢得了很多家长朋友的称赞。

2. 以"早教进社区"项目为载体，在农村践行公益早教

婴幼儿的健康成长离不开环境的有效支持，除了家庭环境，在我们的社区也应当有婴幼儿游戏、玩耍的场所。"早教进社区"便是社区教育学院与北幼共同申报的项目，该项目实验以0~3岁婴幼儿为切入口，抓住社区居民的需求，以早期教育活动为载体，探索"婴幼儿→带养人→家庭→社区→社会"的社区教育模式。其中，政府提供场地，幼儿园负责师资，社区教育学院负责早教室建设和管理，在农村建社区早教点，推进公益早教活动。在广泛开展0~3岁婴幼儿早期教育活动的同时，对婴幼儿带养人及社区公众开展相关学习培训，实现"培育一个孩子，改变一个家长，带动一个家庭，辐射一个社区，影响整个社会"的目标。依托"早教进社区"项目，北幼和社区教育学院为农村婴幼儿家庭提供了惠民服务，在服务老百姓的同时，有效提升了婴幼儿带养人的教育素质。

我们以地处蒲江最偏远的寿安镇长秋乡为试点，由政府装修了一间活动室，北幼提供了早教师资，在长秋乡石马新村建立了"阳光宝宝早教室"。一开始，幼儿园的早教志愿者定期或不定期到早教室开展公益早教活动，让山村的婴幼儿家庭享受早期教育服务。这样的服务形式实施一段时间之后，我们开展问卷调查，了解社区居民的反馈意见。调查发现家长对亲子教育都有了进一步的认识，但是家长在以身作则方面还有待提高；在应对孩子的不良行为时还欠缺策略；在行为习惯培养方面意识不够，等等。好习惯的养成有一个"二十一天法则"，我们认识到不管对儿童好习惯的养成还是成人教育素质的提升，都需要一个长期坚持的过程。于是我们增加送教频率，调整不定期送教为每周去一次。实践证明，做出这样的调整之后，教师们指导的机会多了，早教课堂上孩子们

的习惯变好了，家长们的教育素质有了明显的提升。

  第一个试点取得圆满成功，实践证明，只要建立了早教室并保证足够的早教师资，长此以往，在促进宝宝健康成长的同时，也一定能实现提升婴幼儿带养人教育素质的目标。由于该项工作受到老百姓的欢迎，需求大，乡镇政府领导纷纷找到社区教育学院，要求在他们的小区建早教室，开展早教活动。于是北幼和社区教育学院又在西来镇两河逸园、寿安镇五会村两个集中安置小区建立了早教室。从 2014 年 5 月开始，每周星期四、星期五，北幼早教小组的教师们就风雨无阻地来到农村早教点，为农村的婴幼儿家庭开展早教活动。像这样的公益早教做一次两次容易，但要坚持三年多实属不易，北幼教育集团有 20 多位教师担任了早教志愿者，用她们的执着与无私奉献诠释了北幼团队情系农村 0~3 岁儿童的大爱精神。现在，社区教育学院又开始在甘溪镇新民村、寿安樱花岛、大兴新建 3 个早教室，将北幼"早教进社区"的经验进行推广，使更多婴幼儿家庭受益。

图 4.53 西来分园开展亲子活动

图 4.54 西来两河逸园开展早教活动

图 4.55 五星社区开展早教活动

图 4.56 星光幼儿园开展早教活动

图 4.57 寿安五会村开展早教活动

实践证明,在广大婴幼儿家庭对公益早教有强烈需求的背景下,蒲江的"早教进社区"的形式具有推广的土壤,各个早教机构可以根据当地的环境和幼儿园自身的优势,借鉴"早教进社区"的方式方法,创造性地为婴幼儿家庭提供早教服务。另外,"早教进社区"项目中面向的对象是婴幼儿和带养人,有很多针对带养人教育素质提升的举措,如果各个早教机构都来关注带养人教育素质提升,这将对提升整个社会群体的文明程度、文化素养,构建和谐社会起到强有力的推动作用,是功在当代、利在千秋的好事情。

3. 整合各方资源,开展整合式早教服务

近年来,国家越来越重视 0~3 岁儿童早期教育,在学前教育"十五"规划中提出 0~3 岁儿童早期教育发展目标,即要大面积提高 3 岁以下儿童看护人的科学育儿能力,积极探索以社区、多种正规与非正规托幼机构及家庭教育服务设施相结合的区域性早期教育服务网络。这种网络的构建,单纯依靠早教机构是无法完成的,需要妇联、教育、卫生、社区各方联动,发挥各自优势,整合资源才能有效建构。在上海、杭州、北京等地已进行了积极的尝试,在成都也开始逐步实施。北幼开始由"一枝独秀"到"满园春色"的早教思路,尝试联合相关部门开展整合式早教。在这些整合式早教活动中,除了对婴幼儿带养人提供早期教育指导与服务外,还针对婴幼儿带养人开展知识文化的丰富、卫生保健咨询、法律法规知识普及、农业技术指导、生活才艺培训等活动。

第一次早教整合活动在长秋石马新村进行,主题为"建文明新村,享幸福生活"。这是幼儿园、社区教育学院及政府部门在开展早教活动方面的首次合作。活动整合了教育、医疗、文化、税务、法律等部门资源,让长秋乡的婴幼儿家庭既体验了丰富多彩的早教活动,又接受了现场十多家单位的宣传、咨询、指导服务。多样化的服务吸引了很多人参加,让小小的石马新村热闹非凡。之后北幼又在社区教育学院的支持下开展了多次整合式早教活动,如"扬五四精神,志愿服务进乡村""果岭山下党旗红,和谐新村百姓乐""全民学习周""关爱儿童,你我同行"等。这种多方联动的活动让我们感受到:依托 0~3 岁儿童早教的平台,能将众多的社区居民汇集在一起,只要整合到各方有利的资源,就能为社区居民提供全方位、多元化的服务,有效促进婴幼儿带养人教育素质的提升。

图 4.58　整合多方资源,开展整合式早教活动

4. 探索早教师资培养模式

提高早教质量,提升婴幼儿带养人教育素质,关键是队伍建设。作为公办幼儿园,和专门的早教机构不同,早教只是幼儿园诸多工作中一部分,因此我

们的早教教师队伍既有专职的也有兼职的,并且兼职教师占大多数。这里的兼职指的是教师们不仅承担了早教教学任务,同时还担负着幼儿园这一板块的教育任务。对这部分兼职教师的早教专业培训既是我们课题研究要着力解决的问题,同时也是课题深入研究的基础,为此,北幼一直在积极探索早教师资的培养方法,以下是我们在实践中的做法:

(1)以提升专业能力为前提,扎实开展岗前培训。

为了让教师们具有更专业的早教技能和早教经验,早教课题组以全员参与的方式开展早教研讨活动。由专业的、拥有丰富实践经验的老师进行岗前培训,帮助教师们理解早教活动的意义,了解早期教育和学前教育的区别,帮助老师们熟知如何科学指导家长进行科学育儿,等等。

除了具有针对性的亲子教育研讨活动外,为了让老师们能够积累丰富的现场亲子教学经验,我们不定期地开展亲子课程观摩活动。通过实践观摩及观摩之后的分析研讨,让教师们设计亲子活动更科学,对活动组织和家长的指导方面更专业。

(1)

(2)

图 4.59 早教骨干为教师们开展岗前培训活动

(2)以教学现场为基石,尝试跟岗学习模式。

为了保障早教班教育质量及教师的专业成长,我们将每一次的早教课堂作为历练教师的教练场,尝试跟岗学习模式。即每周的送教活动有两名教师参与,一名负责当日整个教学活动的组织(即主教),另一名负责当助教。助教除了协助主教开展教学外,更重要的是要在当助教的过程中熟悉幼儿及家长,了解学习内容,学习主教的经验,以便在下一次的活动中有效运用及衔接。在下一次的送教活动中,此次跟岗学习的老师轮为主教,由下一位老师担任助教。通过这样的循环往复，不仅提高了所有教师组织亲子早教活动的有效性，而且让每一位教师都有备而来，在教学活动中更从容、更自信。

图 4.60　早教跟岗学习

（3）以解决问题为导向，落实导师责任制。

跟岗学习的送教模式得到了教师们的认同，同时也锻炼培养出一部分优秀的早教教师。她们设计组织的活动有创意，有趣味性，对带养人的指导贴切专业，深受宝宝及家长的欢迎。但还有一部分年轻的新教师，虽然活动是组织下来了，但她们还是欠缺经验，在设计活动和组织活动的过程中，依然存在许多的困惑。

为了让优秀教师的经验得以分享，让新教师的成长更有保障，课题组决定采取导师责任制。在 18 位教师中推选出 6 名导师，由最初的两人送教改变为三人送教，其中导师一名、主教一名和助教一名。导师负责对主教进行岗前指导和跟岗指导。岗前指导的内容包括：0~3 岁儿童特点的解读、半日活动的设计、家长的指导要点和育儿经验的传递等。在跟岗指导中，导师全程

图 4.61　早教导师分享亲子教育经验

跟岗，对主教组织的活动进行观摩。跟岗活动结束后，导师带领主教、助教围绕早教活动中的问题进行分析研讨。导师责任制的实施让教师们之间亦师亦友，研讨的氛围热烈而温馨，大家为着共同的目标互帮互助，团队凝聚力愈发坚实。

如今，西来幼儿园这一团队承担了西来两河逸园和寿安五会村的公益早教任务，总园团队则承担了总园普惠性早教和石马新村公益早教任务，一共有 30 多人参与到早教研究及实践中，很好地解决了早教师资匮乏的难题。

（4）关注"早教缺失问题"，引导父亲履职尽责。

① 为爸爸们组织专门的早教活动。

中国家庭教育存在"父教缺失"的问题，父教缺失问题为家庭教育埋下了巨大的隐患，亟待解决。心理学家格塞尔曾说："失去父爱是人类感情发展的一种缺陷和不平衡。"父教之所以缺失，主要就是观念的偏差，很多父亲以为教育孩子是母亲的事，以为自己只要能够挣钱养家就可以了，这是一个误区。当然，也不需要父亲像妈妈那样投入的过多，因为父教的质量比数量更重要。一直以来，北幼在 10 多年的早教研究中都在努力引导父亲们参与到早教中，行使其自己应有的职责。我们认为只有让父亲有了教育孩子、陪同孩子游戏、成长的体验，他们才会变得积极主动起来。因此，我们每学期都要为爸爸们组织专门的活动，让爸爸们与宝宝一同游戏、阅读、表演。每次活动之前老师会在群里给爸爸们进行课前培训，如怎样与宝宝交流、面对宝宝的不配合该如何处理、在亲子活动中爸爸的角色定位等，同时鼓励爸爸们克服害羞、不自信的心理，积极地投入到亲子活动中。这样的培训为父亲陪孩子有意义地"玩"储备素材，让父亲们不再为怎么和宝宝玩发愁。理论联系实际的学习让父亲们懂得尊重孩子，理解孩子，并自觉的审视和解读自己的教育行为。系统的亲子游戏培训丰富了父亲们的教育经验，让他们更主动的陪孩子玩，并让孩子的游戏过程实现了教育价值。幼儿园还设计了一组专门适合爸爸和孩子一起玩耍的游戏，如"大力士爸爸""爸爸的身体变变变""小猴爬山"等。

图 4.62　游戏"爸爸的身体变变变"

② 在早教活动中引入男教师，为爸爸们树立榜样。

北幼有两名男教师，他们主要负责幼儿园的体育活动和户外游戏，全园的孩子都非常喜欢他们。幼儿园充分发挥男教师们的作用，让他们成为早教志愿者中的一员，发挥他们阳光、果敢、力量的优势，为早教活动注入了新鲜的血液。更重要的是他们给爸爸们作了很好的示范，让爸爸们感受到男性和孩子一起玩的魅力和教育价值。在"爸爸去哪儿"主题活动中，男性家长们跟着男老师用自己的身体变成山洞、大树、青虫、大山、火箭等，孩子们玩得不亦乐乎，既锻炼了体能，又增进了孩子和父亲的感情。

在幼儿园每周的早教下乡活动中，我们的男老师也是承担了体能、早操的教学任务，给农村的孩子们及家长带去了男教师独有的教学魅力。

通过这样的活动，改变了婴幼儿带养人传统的教育观念，妈妈们会要求爸爸们抽出时间陪同孩子玩耍，爸爸们则会珍惜和孩子一起的时间，主动将幼儿园教的游戏在家庭中巩固、练习。

图 4.63 男教师与早教活动

5. 探索出"早期教育+社区教育"的新模式

北幼与社区教育学院合作承担该项课题，初衷是想利用 0~3 岁儿童早教平台解决"召集难"的问题，在推广早期教育的同时，完成成人教育的任务，从而提升市民素质。这一难题依托 0~3 岁儿童早教平台得到了很好的解决。的确，在北幼十多年的早教实践中，社区居民都非常乐意带孩子参加各种游戏、学习活动，每次大型的早教活动，总有上百个家庭参加。社区教育学院发挥他们搭建平台、整合资源的优势，幼儿园发挥 0~3 岁儿童早教的专业优势，既能让婴幼儿接受早期教育，又能提高婴幼儿带养人教养水平，同时还能提升婴幼儿带养人教育素质，可谓一举几得。在实践中，我们强烈地感受到社区教育与早期教育的合作形成了强大的合力，双方优势互补，让成人教育和早期教育同步进行，得到很好的实践效果。早期教育+社区教育的教育模式是北幼与社区教育学院在实践中探索出的教育新模式，发挥了"1+1>2"的效应，对提升婴幼儿带养人教育素质，促进家庭和睦、社会和谐有着积极的意义。

6. 构建亲子教育课程及带养人教育素质提升课程

在北幼总园，周一至周五都有六十多个婴幼儿及带养人在幼儿园上亲子班，他们这种积极参与和坚持专注的态度让很多参观人员叹服，因为很多早教机构苦于无法让婴幼儿带养人坚持带孩子来上课。而我们非常清楚，能够让孩子和家长坚持下来，唯一的法宝就是要让我们每一天的亲子课程能吸引孩子和家长，要让他们每一次来都感受到快乐并学有所获。我们成立了课程开发小组，用心研发早教课程，并取得了良好的成效。

（1）微课程。

我们的课程形式是多样化的，微课程就是其中一类。幼儿园的教师们都掌握了微课程的制作方法，并自主开发制作了系列微课程。有三个课程被推荐参加"全国社区教育优秀微课程评选"活动，其中"让宝宝爱上吃饭""让宝宝独立睡觉"获得三等奖（四川省只有五个项目获奖），"整理小书包"获得优秀奖。之后又研发了"教会宝宝叠衣服""教会宝宝整理玩具""教会孩子刷牙"等微课程。

（2）亲子教育案例。

"亲子教育案例"是我们早教课程体系的内容之一，主要用于更新婴幼儿带养人教育观念，优化教养行为，提升教育素质。这套课程收集了 60 个具有代表性的育儿案例，有事件、现象、方法描述，有专家点评，简洁明了，浅显易懂，非常适合婴幼儿带养人阅读。

（1） （2）

（3） （4）

图 4.64　部分教师自制微课程获奖情况

（3）早教教学课程。

北幼对早教教师的教学课程进行了开发，参与到课程开发中的教师们有 30 多人，我们从艺术、语言、健康、认知、亲子互动、带养人素质提升等方面进行研发。关于亲子教学课程，我们研发了包括"亲子游戏""操作活动""语言游戏""美劳活动""音乐游戏"和"体能游戏"6 个板块共计 60 个优秀教育活动方案，目前正准备完善出版。关于带养人素质提升的课程，教师们已有较多的举措，如"亲子 DIY"，让家长们有了科学的玩具观，"宝宝的学习故事"让家长学会观察孩子、解读孩子，"值日生活动"让宝宝和家长有服务他人的公德意识，"亲子微信群"既在传播科学观念与育儿方法，又在传递着博爱、友善、和谐、文明的正能量。

（4）印制《公益早教进社区，教育惠民暖人心》画册。

课题组承担的"早教进社区"项目 2015 年被评为成都市社区教育特色项目，

并由社区教育学院作为牵头单位承担了成都市的早教项目实验工作,将蒲江早教经验推广到全市。为此我们编辑印刷了"蒲江县早教进社区项目实验探索"画册——《公益早教进社区,教育惠民暖人心》,对早期教育服务模式起到了一定的推动作用。

综上所述,两年多来,我们一直本着实践—反思—再实践—再反思的行动研究法则,在实践中不断发现问题,解决问题、在整个过程中,我们体验过迷茫和彷徨,遭遇过挫折和失败,但更多的是收获了成功和成长。

四、工作反思

(一)促进了蒲江广大0~3岁未入园婴幼儿的发展

通过参加幼儿园组织的各类早教活动,父母与孩子一起游戏,融洽了宝宝与父母的亲子关系。亲子活动中,宝宝们有了很多自己观察、动手操作、探索事物的空间,自主性、独立性、自理意识、规则意识得到很好发展。亲子班为孩子提供了正式入园前的适应过程,对缓解今后入园焦虑情绪、缩短入园适应时间非常有意义。

1. 融洽了宝宝与父母的亲子关系

通过课题组广泛地宣传和长期不懈地努力,"把教育的视线延伸到孩子出生的那一刻"的理念已深入人心,宝宝呱呱落地便拥有了家庭、幼儿园、社区为他们创建的良好成长环境。通过参加幼儿园组织的各类早教活动,父母与孩子一起游戏,与孩子有了更多的交流,让宝宝和父母的亲子关系愈加亲密,在浓浓的亲情中成长的孩子显得更加健康、活泼、聪明。

2. 促进了宝宝良好习惯的养成

在亲子活动中,宝宝们自己取放操作材料、收拾玩具,给了他们很多自己观察、动手操作、探索事物的空间,少了家长的包办代替和约束限制,自主性、独立性得到发展。每一个刚走进亲子班的孩子都是自由、无规则意识的,他们对老师的要求充耳不闻,满教室乱跑,玩具玩了随手便扔,刚开始的亲子班常处于混乱无序状态。在本课题中我们对亲子班孩子进行自理习惯、规则意识的培养,取得了很好的效果,例如,孩子们学会了排队取物,玩完玩具后知道放回原处;集体活动时不到处乱跑,能专心的听讲和专注的操作;幼儿园虽然每天有 60 来个孩子在上亲子班,但因为孩子们的习惯很好,所以每个班的秩序都很好。

3. 帮助了宝宝入园适应性的提高

幼儿园的亲子班里每天有 60 多个小伙伴,加上幼儿园这个集体环境,大大地扩大了孩子们的交往范围。在这个宽松的集体环境里,孩子们更乐意与小伙伴交往,与老师交流,交往能力得到了锻炼。亲子班为孩子提供了一个正式进入幼儿园前的适应过程,让孩子们提前认识了老师这一角色,感受到老师的可亲,体验到与老师在一起的快乐,提前熟悉了幼儿园这一环境,这对缓解今后的入园焦虑情绪、缩短孩子入园适应时间非常有意义。在我们的跟踪调查中,教师们发现凡是就读过亲子班的孩子适应幼儿园的生活比其他的孩子快得多,过去婴幼班的孩子一般要一个月才基本上不哭了,但随着越来越多的孩子就读亲子班,婴幼班孩子整体适应时间比以前提前了至少两周。教师们过去怕教婴幼班的心理转变为乐意教婴幼班,家长们过去那种"孩子在教室里哭,家长在教室外哭"的现象已不复存在。

4. 让更多的农村宝宝在家门口就能享受到优质的早教资源

早教进社区项目将教育惠民落到实处。早教进社区项目关注农村婴幼儿家庭,把温暖送到了千家万户,让居民在家门口享受优质的早期教育服务,这种问需于民、贴近群众的方式深受居民欢迎。

以下是婴幼儿家长的反馈意见:

对早教教学内容的反馈:

(1)宝宝在亲子班学到了许多新知识,在语言词汇方面有了很大的进步。

(2)现在的宝宝勇敢、大方,每次外公回家都很骄傲,说宝贝在幼儿园总是能大声地介绍自己,大声地唱自己喜欢的儿歌。

(3)上了亲子班以后,宝宝能自己安安静静地好好吃饭,能和小朋友们友好相处,还交上了好朋友,懂得分享彼此的快乐,并获得了友谊。

对早教方式的反馈:

(1)老师到我们社区给宝宝上课,让我们在家门口就享受到了优质的教育,我们非常满意。

(2)老师上课有室内的也有室外的,动静结合,这种方式非常好,娃娃喜欢,我们家长也觉得不累。

(3)老师组织的内容好丰富,我和孩子都觉得有趣。尤其有时还有男老师加入,宝宝们都感觉好新奇。孩子的爸爸还专门到亲子班学习呢。

对早教设施设备的反馈:

(1)教室周围都有软包装,宝宝在里面很安全;同时,老师们把宝宝的教室装饰得非常有儿童情趣,色彩柔和,在教室里面感到非常舒服。

图 4.65　温馨的亲子早教室

(2)活动时老师们给宝宝提供的玩具,宝宝很喜欢玩,每次都耍赖不走。

(3)北幼的老师好细心,每次都带来了好多的玩具,每个孩子都有一份,他们太辛苦了

对早教师资的反馈:

(1)宝宝的每一点变化都离不开老师的辛勤教育,不管是生活上,还是在教授知识上,老师们都花费了很大的精力……看见老师一次次耐心地引导,我们很放心。

(2)回顾这一学期的亲子班生活,让我感触很多。我家宝宝是一个敏感、有点胆小的孩子,让我有一点点的担心,怕孩子不能很好地适应幼儿园生活,但当我带着孩子上了一次课后,我的顾虑完全打消了,老师们用极大的爱心、耐心、责任心关心她、爱护她,用鼓励、赏识、参与等教育方法帮助她,孩子非常喜欢老师。

(3)老师们的素质很高,教学的方式方法非常好,宝宝每次上课都很认真,我们家长也学习了很多教宝宝的方法。

家长受访实录：

我们参加了北街幼儿园的早教班，我们的孩子更有礼貌了，知道收拾玩具，知道整理自己的一些事情了，也晓得要小声说话了。对我们家长也有很大的帮助，带孩子也没有那么盲目了。在此，我们向北街幼儿园的老师说一声——感谢您们，你们辛苦了！

从采访中我们感受到了早教活动不仅带给幼儿成长，也在慢慢改变着带养人的带养观念。

（二）有效提高了婴幼儿带养人的教育素质

通过本研究课题，让家长对早期教育由普遍重视提升到科学教养的层面，家长参与早教活动的积极性增强，明确了自己在亲子教育活动中的角色，从而能配合教师将亲子活动发挥出最好的教育功效。亲子班不仅是孩子成长的乐园，也是家长汲取教育养料的沃土。经常参加亲子活动让家长的教育经验得到不断丰富，教养水平得到提高。同时，社区居民在带孩子参加活动的同时，自然地受到积极的影响，从而在潜移默化中优化文明行为，提升文明素养。家长的素质在教师的不断引导下有了明显的提升。

个别家长来信：

（1）　　　　　　（2）

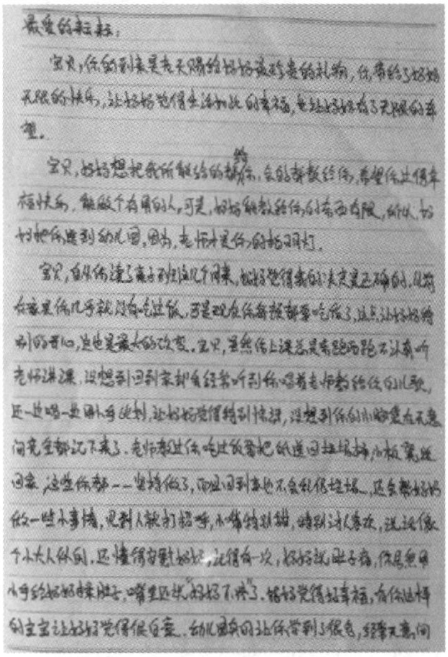

最爱的耘耘：

宝贝，你的到来是老天赐给妈妈最珍贵的礼物，你带给了妈妈无限的快乐，让妈妈觉得生活加倍的幸福，也让妈妈有了无限的希望。

宝贝，妈妈想把我所能给的给你，会的都教给你，希望你过得幸福快乐，能做个有用的人，可是，妈妈能教给你的东西有限，所以，妈妈把你送到幼儿园，因为，老师才是你的指路明灯。

宝贝，自从你进了亲子班这几个月来，妈妈觉得我的决定是正确的。以前在家里你几乎就没自己吃过饭，可是现在你每顿都要吃饭了，这点让妈妈特别的开心，这也是最大的改变。宝贝，虽然你上课总是东跑西跑不认真听老师讲课，没想到回到家却会经常听到你唱着老师教给你的儿歌，还一边唱一边用小手比划，让妈妈觉得特别惊讶，没想到你的小脑袋在不知不觉间竟全部记下来了。老师教过你吃过饭要把碗送回垃圾桶，小板凳送回家，这些你都一一坚持做了，而且回到家也不会乱仍垃圾，还会帮妈妈做一些小事情，见到人就打招呼，小嘴特别甜，特别讨人喜欢，说话像个小大人似的，还懂得安慰妈妈，记得有一次，妈妈说肚子痛，你马上用小手给妈妈揉揉肚子，嘴里还说妈妈不痛了。妈妈觉得好幸福，有你这样的宝宝让妈妈觉得很自豪。幼儿园的老师让你学到了很多，经常无意间

（3）

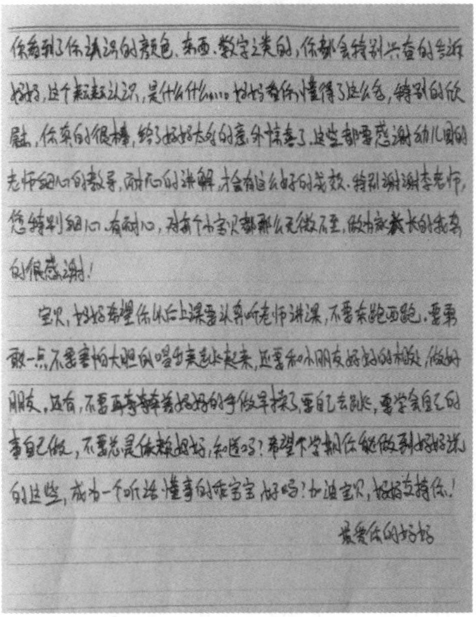

你看到了你认识的颜色、东西、数字之类的，你都会特别兴奋的告诉妈妈，这个耘耘认识，是什么什么……妈妈看你懂得了这么多，特别的欣慰，你真的很棒，给了妈妈太多的意外惊喜了。这些都要感谢幼儿园的老师细心的教导，耐心的讲解，才会有这么好的成效。特别谢谢李老师，您特别细心、有耐心，对每个小宝贝都那么无微不至，做为家长的我真的很感谢！

宝贝，妈妈希望你以后上课要认真听老师讲课，不要东跑西跑，要勇敢一点，不要害怕，大胆的唱出来、说出来，还要和小朋友好好的相处，做好朋友。还有，不要再等着妈妈的手做早操了，要自己去跳，要学会自己的事自己做，不要总是依赖妈妈，知道吗？希望下学期你能做到妈妈说的这些，成为一个听话懂事的乖宝宝，好吗？加油宝贝，妈妈支持你！

最爱你的妈妈

（4）

图 4.66 部分家长来信

从家长来信和写给宝宝的话中，我们看到孩子们通过参加早教活动后的进步，看到了孩子进步带给家长欣喜后的那一份骄傲。字里行间也能感受到家长对早教活动的认可，以及家长自身在教育理念方面的转变。

村干部受访实录：

（1）非常感谢北街幼儿园的志愿者为两河村提供了优质的服务。在此非常感谢你们对两河村提升居民综合文化素质修养所做的工作。

（2）北街幼儿园的老师们到我们五会村来给娃娃些上亲子班，家长和娃娃都非常喜欢，通过上课娃娃们变乖了，同时我们明显地感受到娃娃的家长的素质也提高了很多。

（三）早教师资队伍得到有效发展

1. 早教教师队伍不断壮大

作为“教师成长基地学校”，北幼把教师早教培训作为基地学校培训内容之一，通过集中培训、师徒对接、跟班观摩等方式对他们进行培训提高。一方面，我园早教师资队伍进一步扩大，大多数教师都能承担亲子教育活动，早教师资的专业化水平和早教服务的品质得到有效提升；另一方面，激发起教师们对 0 ~

3岁婴幼儿家庭的关爱，让更多教师积极主动参与到早教服务公益事业中来。

（1）

（2）

图 4.67　教师组织亲子教育观摩活动

2. 教师在课题研究中实现专业成长

北幼教师积极参与送教下乡、大型亲子园等活动，在培训中成长，在实践中历练，教师们的专业素质得到提升。另外，课题研究为教师成长奠定了坚实的基础，教师们对课题研究不再畏惧，而是积极参与，有三十多篇论文在市县级别的评选中获奖。在联盟工作中，北幼骨干教师承担了对农村园的指导任务，在0～3岁儿童早教方面，教师们因为课题研究积累了丰富经验，对各个幼儿园的早教工作都能进行有效指导。

（四）推进了蒲江早期教育的发展

北幼的0～3岁儿童早教如一株破土而出的幼苗，在北幼和社区教育学院的共同浇灌培育下，茁壮成长，绽放出灿烂的花朵，香飘四方，点缀着蒲江教育的美丽田园。

2014年12月，北幼和社区教育学院接受成都市社区教育专家组到长秋石马新村视察并听取北幼副园长王红宇的汇报；

2014年12月，"早教进社区"被评为成都市社区教育特色项目；

2014年12月，中国社区教育专业委员会会长陈乃林到蒲江指导社区工作，特别到长秋石马新村视察了"早教进社区"工作；

2015年1月，北幼成为四川省0～3岁儿童早教协会理事单位，幼儿园的早教活动照片入选早教协会宣传画册；

2015年4月，北幼副园长王红宇应邀在"学前教育的过去、现在、未来暨西部论坛"会上就0～3岁儿童早教工作作交流发言；

2015年5月,"四川省0~3岁儿童早期发展与教育研究中心科研基地学术交流会在北幼召开,幼儿园为来自省市州的参会人员提供了观摩现场;

2015年6月,在"自然·生活"蒲江教育的成果展示会上,园长孙凤霞就"生活教育理念下的0~3岁儿童早教"作了交流发言;

2015年7月,成都市"早教进社区"项目启动会在蒲江召开,北幼提供了早教观摩现场,副园长王红宇在研讨会上作交流发言;

2015年9月,成都电视台《蓉城先锋》栏目组到长秋石马新村就公益早教的开展进行采访报道,并在成都电视台播出;

2015年9月,北幼副园长王红宇应邀在四川0~3岁儿童研究中心科研基地2015年度科研基地授牌暨基地建设交流研讨会上作经验交流发言;

2015年10月,"早教进社区"项目服务模式会暨育儿案例研讨分析会由蒲江县社区教育学院承办,由社区教育学院副院长付艳主持,由熊雪芳主任作交流汇报;

2015年11月,成都电视台就"0~3岁儿童早教和社区教育"工作开展情况到北幼和社区教育学院采访报道。

2016年1月,北幼副园长王红宇应邀在四川0~3岁儿童早期发展与教育研究中心关于召开"基于社区的0~3岁儿童早期教养服务模式研究"项目研讨会上作经验交流发言。

2016年6月,北幼为四川省早期教育服务模式及幼儿园游戏环境创设研讨会提供了观摩现场,园长孙凤霞进行经验交流。

2017年3月,北幼园长王红宇在四川省早期教育行业协会一届四次理事扩大会议上作"情系0~3,让老百姓在家门口享受公益早教服务"交流发言。

部分活动照片:

(1)

(2)

（3）

（4）

（5）

图 4.68　部分活动照片

早教机构授牌：

（1）　　　　　　　　（2）　　　　　　　　（3）

图 4.69　早教机构授牌

第五章 服务模式探析

第一节 服务模式多元化

由上述三个典型案例观之,目前基于社区的0~3岁儿童早期教养服务模式创建已经突破了社区早教推广模式单一局限,正朝探索多种具有操作性推广模式方向发展,服务模式呈现多元化格局:

(1)打破社区早教推广单一模式的局限,如商场早教、幼儿园亲子班等,探索基于街道和社区进行0~3岁儿童公益早期教育服务模式的多种途径和方法,比如农村社区村民活动中心推广、城市街道办推广、幼儿园推广等模式,以调研、测评、亲子等活动送服务进社区,有效对居民家庭进行渗透和宣传,整合资源,在社区联动方面大胆尝试:

(2)农村社区村民活动中心推广模式立足农村社区,各个早教机构根据当地的环境和幼儿园自身的优势,借鉴"早教进社区"的方式方法,创造性地为婴幼儿家庭提供早教服务。针对婴幼儿及其带养人的素质提升展开一系列贴近市民需求的活动,在为0~3岁婴幼儿提供学习、游戏的场所的同时,让婴幼儿带养人接受长期的亲子教育培训;通过父母课堂、送教上门、亲子园等主题活动,满足不同层次居民的需求,在潜移默化中优化其文明行为,提升文明素养。

(3)城市街道办推广模式借助四川省公益性早期教育示范基地、社会组织专项资金项目的创建及实施工作,帮助和支持家庭主要看护人教养水平和技巧提升,制定公益性早期教育示范基地创建标准,探索多样服务内容和模式,使辖区0~3岁婴幼儿家庭能够最大限度就近获取优质教育资源。比如对社区内0~6岁散居幼儿摸排登记、公益早教宣传,建立社区公益免费活动卡,建立完善0~6岁社区婴幼儿成长档案个案;早期教育现场示范、指导、咨询等服务,不断完善指导对象、内容和策略,实现最优化、最具实效性的指导;借力于此项便民服务,面向成都市0~3岁儿童家庭实施多元化的早期教育服务,并以此探索多种"公益普惠"早期教育便民服务模式，从而充实外延和内涵；构建形成多点位服务模式的"社区生态"早期教育网络早期教育服务网络，建设"政府主导、计生牵头、部门联动、社会参与、机构共建、资源共享、家庭响应"的沟通联动机制，以"网络化"的格局建立生态化社区早期教育服务点位，方便0～3岁儿童家庭就近、多选择地参与公益服务，真正实现老百姓"家门口"的公益化、便民化、专业化早期教育服务支持体系。

（4）幼儿园推广模式是以公办幼儿园为依托的服务模式早期教养指导模式的探索。它立足于公办幼儿园的建立和与社区的良好互动，政府和主管部门的积极联动，采用行政推动、构建早教指导共同体、专家引领，科研护航和社区早教志愿者服务四步推进策略，以制度、师资和经费三重保障作后盾，充分发挥公办婴幼一体化示范幼儿园作为早教实施的主体的专业优势，依托社区，面向家庭，开展多样化的综合早期教育指导服务。

概括而言，基于社区的0～3岁儿童早期教养服务模式创建呈现多元化格局，政府、社会、市场都可以是社区0～3岁儿童早期教养服务的主体，但由于我国社区0～3岁儿童早期教养服务模式创建还处于起步阶段，其独立性、专属性尚未彰显，致使社区0～3岁儿童早期教养服务的相关主体意识尚不明确。为此，需要搭建平台、引导参与，调动相关各方的积极性、主动性，激发多元主体的参与意识，建立并保持参与的制度性框架，如平等协商、联席会议、咨询、监督等制度健全，这些是实现有效参与的重要保障。

第二节　服务对象多元化

社区0～3岁儿童早期教养服务模式创建过程改变了早期教育只关注婴儿发展的观念，开始聚焦整个家庭成员育儿素质和整个社区居民文化素质的全面提升，服务对象多元化。0～3岁儿童早期教养工程，不仅仅是对婴幼儿进行早期教养，同时还包括对整个家庭成员及看护人员进行早期教养指导，在早教指导工作中，遵循家长主体原则、平等互助原则、个性化原则和整体性原则，实现两个转变：早教指导服务的对象上，由主要面向婴幼儿的"早期教养"转向面向家长及看护人员的"早期教养指导"；早教指导的理念上，由侧重"早教指导"

转向注重"早教指导和服务",把早期教育提高到对整个家庭成员育儿素质甚至是整个社区居民文化素质的影响上,为社区居民提供全方位、多元化的综合服务,有效提升社区居民的素质,通过"一个孩子带动一个家庭,一个家庭辐射一个社区,一个社区影响整个社会"的"早期教育+社区服务"新模式提升社区居民的综合素质,从而增强居民社区归宿感,有效促进社区家庭和睦与社区早期教育工作的可持续发展,比如成都市蒲江县北街幼儿园潭河社区的"依托 0~3 早教资源提升带养人教育素质"的实践模式,就是以"早教进社区"项目为载体,在农村践行公益早教模式,整合农村社区教育、医疗、文化、税务、法律等部门资源,对婴幼儿带养人进行知识文化的丰富、卫生保健咨询、法律法规知识的普及、农业技术指导、生活才艺培训等,同时对其孩子开展整合式早教,改变了幼儿园"一枝独秀"的早教局面。

第三节 服务过程协作化

探索社区多部门、多领域协同配合的新型社区教育服务模式。研究以成都市锦江区东光街道树基家庭教育服务中心(树基儿童生活馆)的"基于街道和社区的 0~3 岁婴幼儿及家庭公益普惠早期教育服务模式"、宜宾市鲁家园幼儿园的"基于公办幼儿园推进 0~3 岁婴幼儿早期教养指导模式"和成都市蒲江县北街幼儿园潭河社区的"依托 0~3 早教资源提升带养人教育素质的实践模式"为主要调查对象,基于社区教育实现"大教育全服务"的工作重点,以社区为依托,以内容丰富、形式多样的服务活动为载体,以贴近社区儿童早期家庭教育需求的服务为目标,发挥主体作用和专业优势,依靠街道办事处的组织管理职能,在政府部门的重视下,协调好各部分的职能,充分发挥不同部分的资源优势,加强婴幼儿早期教养示范基地与社区的联系,通过早期教养示范基地请街道对所管区域进行划分,确定基地的服务范围,通过问卷调查、访谈等多种方式,了解社区婴幼儿家长的需求,请居委会发放活动卡,宣传早教基地的活动内容,对参加活动的婴幼儿登记造册等形式,召集街道办事处妇联、计划生育负责人及各社区的主要负责人,与街道签订"共建学习型社区"协议书,共同做好 0~3 岁儿童早期教养指导服务工作,实现社区多部门、多领域协同配合,切实惠及社区0~3岁儿童及其家庭，将社区潜在的各种人力、物力、财力资源、自然与人文资源有效地加以开发利用，合理整合，充分利用幼儿园、社区教育学院、各乡镇社区教育学校、工作站等社区资源，积极构建多部门、多领域协同配合的新型社区早期教育服务模式，有效及时地满足社区0~3岁儿童及其带养人的多样化个性需求，积极探寻了社区多部门、多领域协同配合的新型社区教育服务模式创建。

基于社区的0~3岁儿童早期教养服务模式构建是以引领社区早期教养服务、优化早期教养课程设置为内涵，以社区早期教养活动为载体，引导社区居民融入社区早期教养生活，培养社区居民及其家庭主动参与公共事务的人文情怀，形成公平正义观念，集聚社会资本，促进社区和居民素质的全面发展。这既是社区早期教养的价值追求，也是社区早期教养的发展目标。基于社区的0~3岁儿童早期教养服务模式构建，应致力达成这一目标共识下的多方协作过程。

第四节 模式创建的主要制约因素

在过去，我国社会凝聚力的载体主要是在家族、家庭、单位，由于中国开启现代化进程只有100多年的历史，社会凝聚力在很大程度上还是基于传统社会的血缘和地缘关系。随着改革开放和市场经济的确立，单位制逐渐解体，户籍制度也逐渐放开，人口流动频繁，这一切使得原有的社会凝聚机制受到很大的冲击，旧有信任不断被侵蚀，社会在一定程度上呈现碎片化趋势，出现了公共空间的真空，这不仅给社区儿童的健康成长带来挑战，而且给社区居民的交往与和谐相处带来障碍，也给基于社区的0~3岁儿童早期教养模式创建带来制约因素：

一、社区0~3岁儿童早期教养管理区域性发展不均衡

由此观之，社区0~3岁儿童早期教养工作这一板块仍未引起足够重视，在管理上较为松散，并未真正纳入政府管理范畴之内，从而造成各项管理机制的相对缺乏，各部门之间也缺乏足够的协调性，不利于整体性的均衡发展。例如，部分城市对于亲子园管理的权限仍然缺乏明确性，且教育部门与其他部门之间

缺乏有效的相互协调，对于各项职责的分配仅限于口头指导，并未制订相应的规章制度进行管理，导致社区学前教育工作整体发展力量相对薄弱，形成了区域性发展不均衡的现象。

二、政府资金投入力度不足

近年来，尽管地方政府在幼儿教育这一板块的资金投入力度有所加强，但仍然难以满足当前日益增长的教学需求。亲子园是主要以有偿服务为主的机构，在专项经费难以得到有效满足的情况下，便不得不面向家长收取高额费用，才能够得以维持生存。在这样的情况下，亲子教育机构的投入与运营便会处于相对失衡的状态，形成了幼教事业发展过程中的一大短板。

三、社区0~3岁儿童早期教养资源短缺

社区0~3岁儿童早期教养资源短缺，主要体现在以下两个方面：

早教机构相对缺乏，在边缘社区及城市社会变迁中形成的"自生区"在非营利性早教基地这一板块仍处于相对缺乏的状态，导致上述区域的幼儿难以获得充足的早教资源。除此之外，在部分城市中，真正由社区进行建立与管理的学前教育机构仍处于空白状态，婴幼儿早期教育的实际需求难以得到有效满足；

在流动人口数量不断增长的情况下，部分城市的幼教机构普遍处于"高收费、高门槛"状态，导致低收入及流动人口家庭的早教需求难以得到满足，成为一项亟待解决的重要问题。

四、社区0~3岁儿童早期教养供需矛盾大

随着"两孩政策"的全面实施，社区0~3岁儿童早期教养需求与日俱增，我国早教市场也随之日益扩大，一些私立的早教机构应运而生，为0~3岁儿童早期教养市场带来了新的发展契机，但私立早教机构质量良莠不齐，难以满足社区家庭日益多元化的需求，早期教养的供需矛盾也日益尖锐。本书从社区早期教育家庭带养方式、社区早期教育内容与形式和社区早期教育每年社区资源利用次数等方面探讨了社区0~3岁儿童早期教养的供需矛盾。

研究调查利用改进的配额抽样方法，根据锦江区、蒲江县和宜宾翠屏区等实验区的社会经济发展情况和已有参研社区、园、所和成都一二三圈城相应早

教机构早期教育指导工作的开展情况,展开问卷调查,发放问卷 300 份,回收 280 份,有效问卷 270 份,调查进行了加权处理,结果具有一定的科学性、可信性和代表性。

在选取的 270 份有效样本中,7 个月龄以下 22 人,占 8%;7~12 个月龄及以下人数 29 人,占 11%;13~18 个月龄 51 人,占 19%;19~24 个月龄 57 人,占 21%;25~30 个月龄 54 人,占 20%;31~36 个月龄 57 人,占 21%(见图 5.1)。

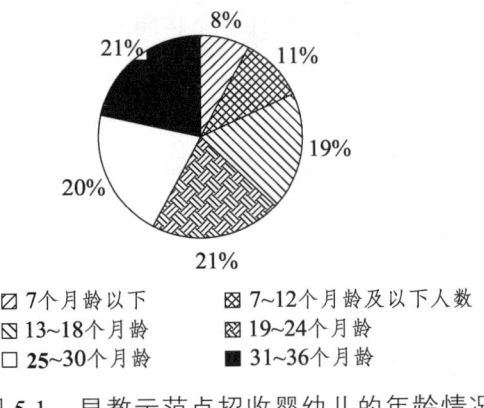

图 5.1 早教示范点招收婴幼儿的年龄情况

早教示范点每年最常采用的社区教养指导方式次数情况,上门服务 9 次,听专家报告 12 次,组织家长交流研讨 368 次,组织亲子活动 2 375 次,向家长发放资料 236 次,开放教学活动 356 次(见图 5.2)。

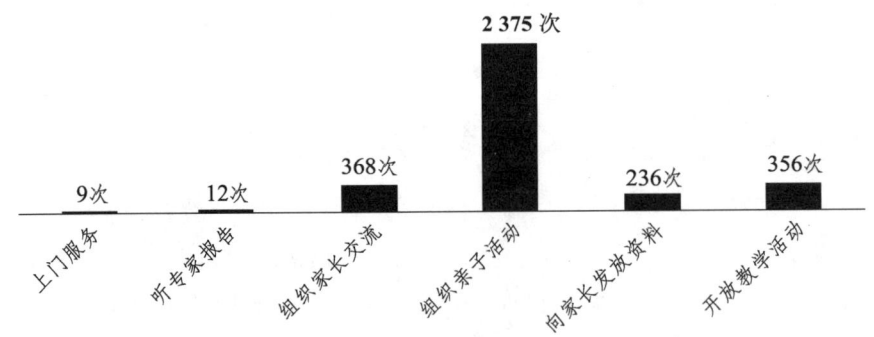

图 5.2 早教示范点每年最常采用的社区教养指导方式次数

上门服务 18%,个别电话咨询 20%,提供指导书籍与手册 21%,听专家报告 31%,网上指导、广播教学及其他 10%,可见,早期教育家庭教养指导方式的需求偏重于听专家报告的方式以提升科学育儿知识,对于上门服务指导方式的接受程度尚属于初步探索阶段（见图 5.3）。

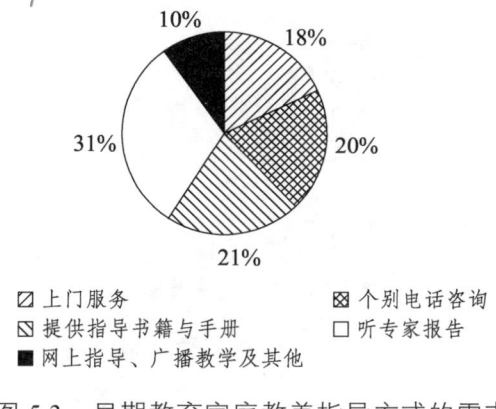

图 5.3　早期教育家庭教养指导方式的需求

从早期教育家庭带养指导内容需求的变化发现，提升家长育儿能力需求 95 人，占 35%；提升孩子认知能力需求 46 人，占 17%；促进孩子社会性发展需求 49 人，占 18%；促进孩子情绪发展需求 40 人，占 15%；促进孩子身体健康发育需求 37 人，占 14%；其他 3 人，占 1%。这一现象符合现实，社区 0~3 岁儿童家庭对早期教育带养方式需求的变化日益多元化和个性化，许多学者的调查也得到同样的结果[①②]，比如李艳（2013），侯晓磊、蔡迎旗（2015），等。由于 0~3 岁儿童家庭对科学育儿知识的相对匮乏，提升家长育儿能力需求的比重也明显偏大一些，因此导致 0~3 岁儿童早期教育的对象是由家长及其孩子两个部分，而对家长的科学指导比重略高于对孩子的指导（见图 5.4）。

被调查的 0~3 岁儿童家庭中，从每年社区资源利用累计次数情况来看，使用社区自然物质资源 700 次，农贸市场 2 次，楼房 365 次，街道 280 次，公园 50 次，动植物园 30 次，电影院 3 次，商场或超市 23 次，餐馆 35 次，派出所或消防队 5 次，图书馆或书店 26 次，博物馆 4 次，体育馆 6 次，展览馆 7 次，医院 43 次，少年宫 5 次，社区人力资源 3 次，其中，健身场所、建筑工地、银行、科技馆、孤儿院和敬老院一次也没有使用（见图 5.5）。

---

① 李艳：《0~3 岁早期教育共同体的实践研究》，陕西师范大学，2013。
② 侯晓磊、蔡迎旗：《美国 0~3 岁婴幼儿家庭服务体系项目实施简析——以马萨诸塞州为例》，《教育导刊（下半月）》，2015（3）：90-93。

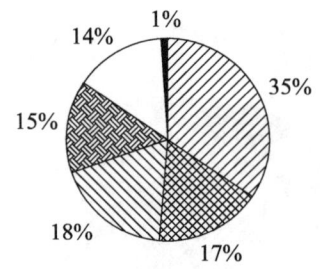

□ 提升家长育儿能力　　⊠ 提升孩子认知能力
⊠ 促进孩子社会性发展　⊠ 促进孩子情绪发展
□ 促进孩子身体健康发育　■ 其他

图 5.4　早期教育家庭带养指导内容需求

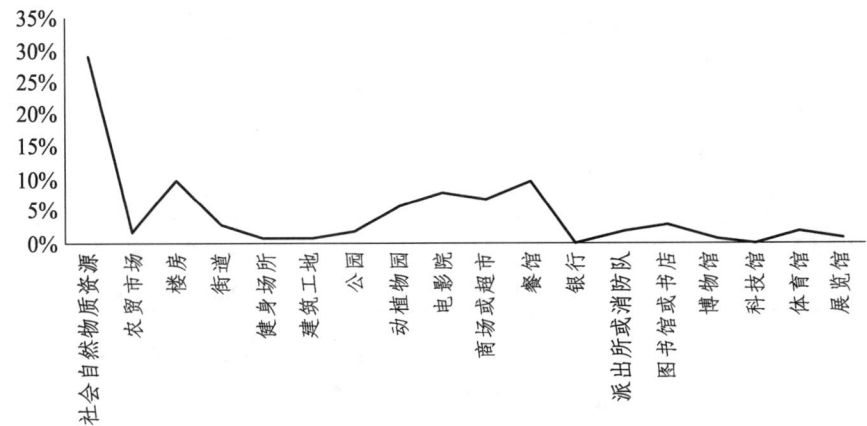

图 5.5　0~3 岁儿童家庭年社区资源利用率

概况而言，社区 0~3 岁儿童早期教养供需矛盾大，由早期教育家庭带养方式、社区早期教育内容与形式和社区早期教育每年社区资源利用次数等因素的影响，调查分析得出：

早期教育家庭带养方式方面，带养人变更频繁，父育缺失、隔代带养以及保姆带养、留守儿童与流动儿童家庭带养方式等，在一定程度上以不同的方式影响着对社区 0~3 岁儿童早期教养服务模式，加之，家庭结构和早期教育家庭带养指导内容需求的日益多元化，基于社区的 0~3 岁儿童早期教养服务模式需要立足于社区、立足于社区的家庭实际需求来展开。

社区早期教育内容与形式方面，家长和早教工作者均偏重于听专家讲座和组织亲子活动形式，在注重个体差异和上门服务方面尚属探索阶段。社区早期教育内容与形式期待专业化的引领，社区 0~3 岁儿童早期教养课程体系构建已经迫在眉睫。

　　社区早期教育每年社区资源利用次数方面，仅仅停留在自然资源和必要场地的使用层面，对社区的文化、社区的空间以及社区的历史缺失认知和利用的条件，对社区资源利用率低或者说社区提供的可利用的资源相对贫乏，在很大程度上制约着了社区的 0~3 岁儿童早期教养服务模式发挥应有的作用。《幼儿园教育指导纲要（试行）》在总则里提出："幼儿园应与家庭、社区密切合作，与小学相互衔接，综合利用各种教育资源，共同为幼儿的发展创造良好的条件。"随着教育改革的深入发展，人们越来越清楚地认识到，幼儿园、家庭、社区是儿童发展中影响最大、最直接的微观环境，0~3 岁儿童早期教养期待突破家庭、托幼机构（园所）、幼儿园教育的围墙，加大与社区资源服务模式的整合力度，促进幼儿健康、全面地发展。

第六章　对策建议

基于社区的0~3岁儿童早期教养服务模式是一项系统工程,需要构建政府、社区、家庭三位一体的权利、执行、监督体系,具体可以从政府层面、社区层面、家长层面及体系共建层面着手:

第一节　政府层面的制度设计

一、建立健全社区0~3岁儿童早期教养的政策法规

我国目前所进行的早期教育试点,实行以政府主导、教育部门和卫生部门分工负责、有关部门协调配合的0~3岁婴幼儿早期教育管理体制[1],对于具体的早期教育政策法规的制定仍处于探索阶段,尚未提出具有普遍可行性的目标要求。

因此,我国必须尽快建立健全社区0~3岁儿童早期教养的政策法规,完善管理体制并逐步构建起早期教育目标体系;政府也应当充分发挥立法、管理、投入监管、服务等职能。[2]

政策法规是确保社区0~3岁儿童早期教养服务供给过程严肃性、权威性与稳定性的有力保障,政府建立健全社区0~3岁儿童早期教养的政策法规可以确保早期教养服务模式有法可依,有理可循,有章可遵。目前,对于0~3岁儿童早期教育,政府部门通常采用资金投入、机构设置、审批资质几种方式进行管理。反观当前社区0~3岁儿童早期教养的规定主要出现在相关的政策文本中,

---

[1]《教育部启动 0~3 岁婴幼儿早期教育试点》,http://www.moe.gov.cn/publicfiles/business/htmlfiles/moe/s7215/201301/146464.html. 2013-01-16。

[2] 蔡迎旗、凯瑟琳·C. 斯尔科:《美国幼儿保育与教育中的政府职能》,《外国教育研究》,2011(7)。

缺乏专项刚性法规，导致社区早教存在极大的随意性、波动性，难持续稳定开展，对于工作中存在的问题难于形成问责制度、监管制度。政府没有确定 0~3 岁儿童早期教养工作的主管部门，也没有确定行使职能部门的性质（行政或事业）和经费来源（全供、差供、自收自支）等。人员编制和具体职责也没有落实。0~3 岁儿童早期教养工作涉及面很广，服务对象分散在各个社区和家庭，婴幼儿又具有十分突出的个性差异。也给这项工作的管理带来了很大难度。教育、卫生、人口计生、妇联、民政、工商等部门都从各自的职责出发，在自身的工作范围内开展工作，对于 0~3 岁儿童教养工作的强调重点也不一样，教育部门强调 0~3 岁婴幼儿的早期教育和教养，卫生部门强调母婴保健和婴幼儿的早期干预，计生部门强调生殖健康和独生子女培养培育，妇联部门强调婴幼儿的家庭教育，工商部门强调企业的经营状况。各个部门采取联合发文方式对 0~3 岁婴幼儿早期教养工作进行部署，但是并没有上升到政府的层面和职能的层面，难以形成合力。

因此，我国政府应该尽快制定相关法律，明确主管部门，建立早教机构的准入机制，加强社区 0~3 岁儿童早期教养服务模式需采取针对性的措施进行正确的引导及规范管理，建立健全社区 0~3 岁儿童早期教养的政策法规，为社区 0~3 岁儿童开设的家庭活动计划提供强有力的政策保障，从国家政策层面强调父母与社区 0~3 岁儿童的有效互动是全面提升人口素质的有力举措，尤其是社区展开对不同年龄幼儿的家长进行早期教养分层指导服务不仅可以提高指导的效率，还能够切实帮助和指导那些没有机会进入适当的教育机构，同时缺乏良好的家庭教育环境，缺乏足够的刺激，其生理发展和心理发展某种程度上落后于同龄儿童的社会处境不利的儿童及其家长。

二、建立多元化投资机制，加大社区幼儿教育服务工作的经费投入

社区 0~3 岁儿童早期教养服务经费的投入不足一直是阻碍社区开展早期教育服务工作的重要因素。政府牵头，高度重视，建立多元投资机制，适时加大对社区早期教养经费的投入，同时鼓励社会各界人士对社区早期教育服务进行投资，成立"社区早期教养服务基金"，并设专人看管，同时成立"社区居民监督小组"，对每一项费用的使用进行监督。另外，社区对开展的讲座或活动可以

采取有偿服务方式，收取少量的费用，以促进社区 0~3 岁儿童早期教养服务的可持续发展。

三、社区早期教养服务一盘棋的整体规划

社区早期教养服务一盘棋的整体规划需要社会各界的广泛参与，其中包括各级各类政府部门、分管教育局、妇联、计生部门、社区管理机构、社区卫生系统、社区居委会等需要各司其职，群策群力。同时，社区文化氛围的营造、社区教育环境的创建和维护也需要社区全体居民的共同参与和努力。政府应当充分调动社会各界参与婴幼儿早期教育公共管理和服务的积极性、主动性，出台社区早期教养服务一盘棋的整体规划，搭建各部门共同交流合作的良好平台，营造合作共建、互惠互利的融洽氛围。

社区作为各级政府的最基层组织，要将 0~3 岁儿童早期教养纳入社区服务工作体系中来，并从思想上、行动上将之作为一项长期工作做好规划。如成立专门的社区早期教育服务部门，将社区早期教养工作纳入年度预算，开展社区早期教养服务人员培训等，这方面国外已经有很多成熟的案例可供我们学习和借鉴。如德国目前两个较成熟的社区早期教育服务方案，一种是家庭助手方案，是指社区青年服务部和慈善机构把经过培训的社会工作者组织起来，分派到一些特殊家庭里去工作，每周义务为家庭服务 5~10 个小时帮助父母掌握教养孩子的基本知识和技能；另一种是家庭互助方案：社区把家庭联合起来，让家庭之间结成对子，互相帮助，交流育儿经验，共同提高教育孩子的艺术。[1]

因地制宜，结合社区实际，由政府牵头，形成了一支以国家级、省级专家为主的社工——心理、学前教育、宣传、督导评估和管理四个专家团队不定期对项目进行技术指导，社区 0~3 岁儿童早期教养服务模式的创建与发展也为社区的工作人员搭建起成长的阶梯，通过接受国家级、省级专家团队的专业培训以及项目人员间的相互交流，不断提升专业素质与能力，形成社区本土化的社区 0~3 岁儿童早期教养工作专业团队。该项工作任重道远，需要社区及相关部门共同努力和长期探索才能得以实现。

---

[1] 伞硕：《早期教育从商业服务到社区服务的过度研究》，黑龙江大学，2012 年，第 14-15 页。

四、社区增强服务意识，共建专业化队伍的得力举措

社区要改变对早期教养检查多于帮助、管理多于服务的意识，社区增强服务意识，关注早期教养民生工程，积极主动地及时加大相关理念的宣传，及相关政策落实情况的考查。例如民政部2000年颁布的《民政部关于在全国推进城市小区建设的意见》提出，在5年内"要大力推进城市小区建设，强化小区功能，合理配置小区资源，以促进社会保障体系和社会服务网络的不断完善，提高广大居民的生活质量和文明程度。"[①]社区早期教育服务作为社区服务中的一种形式，关系着社区0~3岁儿童及其家庭的福祉，更关系着和谐社区建设的可持续发展，需要引起高度重视。

第二节 树立社区人本主义理念

人本主义作为一种时代的思潮与理论产生于欧洲文艺复兴时期的意大利，后来又辗转传播西欧及世界各国。该理论主张以人性作为衡量历史和现实的准则，重视个人的价值，维护个人的尊严和权利，解放个性，使个人得到充分的自由发展，实现现实中的个人幸福。几个世纪以来，人本主义高擎着人类的主体性这面大旗，并将人类的生存当作终极的、永恒的价值和意义所在书写在旗帜之上。其对时代的洞察力和独特的吸引力，使它以各种姿态出现在哲学思潮、宗教形式、心理学理论中，并一跃成为当今时代的主旋律。可以说，当今社会正处于一个人性化的时代，社区服务自然也正朝着日益人性化的方向迈进。

树立社区人本主义理念的核心在于"社区的人"，而其实质则是"社区人如何对待社区人"，其根本目的和最高价值，就是维护人的尊严，关注人的权利，促进人的幸福，对于社区0~3岁儿童及其家庭更是如此。

一、立足社区，增强科学育儿观念

立足社区，增强科学育儿观念，树立社区人本主义理念的重心在于"社区

---

① 王峥：《上海以社区为基础的0~3岁儿童服务机构的运行走向研究》，华东师范大学，2005年，第5页。

家庭"。家庭是社区重要的组成部分，家庭教育对人的影响是自然的、深刻的，而科学的早期家庭教育更能够对婴幼儿的成长产生积极、主动的影响。对于幼儿来讲，早期教育的重心在于尊重他们的天性，进而丰富他们的直接经验。社区开展早期教育培训，可以指导家长了解婴幼儿的年龄和个性特点，尊重婴幼儿的兴趣和学习规律；积极参与培训学习，可以使得家长认识到科学的早期教育并不是单一地教婴幼儿识字、计算、背诵等，而是要鼓励他们在社区环境中寻找自己感兴趣的事物，在不断地摆弄和探索中学习；重视幼儿良好行为习惯的培养，多为他们提供充满快乐和成就感的活动机会，使他们获得真实、完整和有益的生活、游戏与学习经验，促进婴幼儿各方面潜能的发展。

二、社区服务的群众性与互助性

社区服务是一种群众性互助方式，群众性和互助性是社区服务的重要特征。

社区早期教育服务是社区服务的一个内容，也具备这两种特征。群众性是指服务对象的普遍性，不仅包括弱势群体、优抚对象，还包括社区中所有需要社区服务的居民；互助性是指服务在很多情况下都是社区与居民之间、居民与居民之间的互助服务。任何一个社区成员，既有享受服务的权利，也有服务于他人的义务，即我为人人，人人也为我。作为幼儿的家长，每个人都希望自己的孩子可以得到最优质的教育服务，每个家长也应该为此付出自己的力量。

随着社区建设的发展，居民正在增强自身的自我管理能力，他们在社区管理中的作用也日益明显。在许多社区，居民经常通过各种渠道向有关部门提出自己对社区建设的要求和建议。而针对社区早期教育这一问题，家长们作为社区中的一员，要与有关部门及时沟通自己的需求、建议及想法，将育儿过程中遇到的困难和问题向有关部门反映，并且可以提出自己希望得到的关于育儿哪方面的帮助，例如科学育儿的内容、方法及培训的形式等，还可以呼吁其他有孩子的家长，积极参与其中，集思广益，出谋划策，团结力量，积极自觉地组成社区志愿者队伍，为社区建设早期教育服务体系贡献自己的力量。

所以，树立社区人本主义理念，立足社区，重视将各种资源围绕婴幼儿、家长、家庭进行整合，积极与家长沟通以改变其教育观念，增强科学育儿观念，与此同时促进家长自觉提升素质，为家长在开展社区早期教育时提供理论指导，促使婴幼儿家长、家庭乃至于整个社区素质的全面提升，不仅要考虑社区的文化背景、管理制度的独特个性、居民的实际需求,更重要的是赋予社区管理一种理念,一种文化的传达,关注社区管理更多的人性化含量和更高的服务性水平。具体实践中,应从人为本的角度创新社区0~3岁儿童早期教养服务机制,通过心贴心的沟通,使社区早期教养服务更能引起普通居民在情感、心理等方面的共鸣,积极参与、热心维护,这不仅是构建和谐社会对社区管理创新的外在要求,也是社区0~3岁儿童早期教养服务模式可持续发展的内在保证。

第三节 完善早期教养服务体系共建

完善早期教养服务体系共建,把人力、财力、物力更多投到社区基层,努力夯实社区基层组织、壮大社区基层力量、整合社区基层资源、强化社区基础工作,强化社区组织的自治和服务功能,健全新型社区管理和服务体制,增促社会进步,共建社区0~3岁儿童早期教养服务体系,全面保障社区0~3岁儿童及其家庭基本生活和受教育的基本权益,具体从以下三方面着手:

一、重视早教专业标准开发与培训,加强早教师资队伍建设

我国的0~3岁儿童早期教养领域亟待发展适用于早教人员的专业标准,对专职早教人员提出相应资质证书的入职要求,加强早教师资队伍建设。重视早教教师的职后培训,组织开发早教理论和实践系列培训课程,为早教职后培训体系的建立奠定基础。早教师资队伍建设是社区0~3岁儿童早期教养服务模式工作开展的关键环节,专业师资队伍建设是相关工作顺利流畅开展的"软件系统"。

首先,高校应大力培养从事婴幼儿亲子教育的专业人才。相关的师范院校应多开0~3岁婴幼儿亲子教育的相关专业,并提供适宜的条件保证人才受到正规训练,以此方式向社会输出具有专业背景和专业功底的人才,同时,社区与高校建立合作关系,学生利用自身专业的优势帮助社区开展早期教育服务工作,学生自身参与社会实践得到了锻炼的同时,又给社区早期教养服务注入了新鲜血液;其次,为教师提供理论学习的平台。继续教育机构可增加相关课程的设置,帮助有意愿和能力的社会人员接受比较专业正规的教育,然后通过考核合格的方式结业,确保培训的质量,这样一来可以使一些对0~3岁婴幼儿亲子教

育感兴趣的幼儿园教师、早教教师、保育师等相关人员接受再教育，完成转岗培训和能力再造。再次，应该对亲子教师进行岗前培训和在岗培训。培训的基点应该放在一个"用"字上，教人如何去"做"。能力的形成是"知、做、思"三者结合并同时进行的活动过程，也是哲学上所说的实践过程，这种在工作岗位上的结合实际工作内容的培训能在很大程度上可以提高学员的专注力，学习内容也更有针对性，学习的效果也更好。最后，营造合作—学习型的团队氛围。教师同事之间和家长群体之间的相互理解和帮助，共同营造"合作—学习型"的团队氛围，就要在一种开放交流的环境中，教师才能拥有良好的心理安全感，具有开放的意识，他们敢于面对自己在尝试新做法中的困惑，坦诚与其他教师分享自己的心得愿意接受新事物、新理论，尝试新的教育理念愿意向他人学习，给予对方真诚的肯定和鼓励，在与他人经常性的交流与合作中不断提升教师自身的教育素养，从而强化壮大了社区早期教养师资教师队伍。

二、规范社区早期教育机构的动态监控与评价

加强对社区早教机构的规范管理，出台早教机构规范建设标准，及时评估早期教育实践成效并进行监控与评价，可以有效促进早期教育的可持续发展。

基于问责、干预、支持政府决策、为公众提供信息以及改善教师表现等质量提升方面的需求，已经有很多国际组织、国家和地区开始推行早期教育机构质量评估。经合组织（OECD）的研究指出，创建并持续一致地实施涵盖婴儿期、学前期直至小学的质量规范，并统一应用于公私立机构，有助于保障婴幼儿的健康与安全。澳大利亚政府在2009年通过儿童早期教育与保育的国家质量议案，强调优质、易得、负担得起的早期教育与保育对儿童及家庭的重要性。我国台湾地区2012年开始推行托婴中心评鉴计划，旨在促使这些托婴中心提供质优量足的托育服务。美国教育部和卫生公共服务部于2014年投入2.6亿美金，改善18个州的儿童早期教育系统，力求照顾好每一位儿童。

目前，我国0~3岁婴幼儿早期教育中心质量评估主要由资格审批制度和托幼评级制度两部分组成，但就实际执行的情况来看，在准入审批方面，通常门槛很低，并且多关注硬件、经费、人员等结构性质量指标，缺乏对中心开办运行过程和结果的评估。托幼机构评级制度较多针对为3~6岁幼儿服务的幼儿园，而较少面向0~3岁婴幼儿早期教育中心，因此该制度也无法起到监督和保障为

0～3岁婴幼儿服务的早期教育中心质量的作用。

可见，对有质量的早期教育的需求势必会推动我国教育行政管理部门未来开展早期教育中心质量评估，创设一个家长能有效分享和接收儿童信息的环境十分重要，双向沟通和频繁互动是基于社区的0～3岁儿童早期教养服务模式的有效方式。

三、建立多领域的专家支持系统，形成共建共享的资源网络

政府出台相应的法律法规保障社区0～3岁儿童及其家庭权利，借助社会公益组织的力量，建立多领域的专家支持系统，鼓励其规范管理、健康发展，建立多领域专家支持系统，有利于社区早期教养工作的健康发展。

一直以来，医教结合的要求在我国公办0～3岁儿童早教系统时常被提及，然而在实际工作中，通常还停留在局部的、表面化的执行方式，目前尚未有政策层面对医教结合的具体要求。

归根结底，政府是社区0～3岁儿童早期教养服务模式的主导者，政府可在方方面面领导和支持社区早期教育的服务模式工作。政府同时拥有为人民群众提供均等的服务和提供政策支持和法律规范管理的双重职能，与此同时，政府引导各大社会公益组织开展对社区儿童早期教育的帮扶、救助项目可以有效地解决社区困境儿童面临的各种社会问题，建立多领域的专家支持系统，明确管理机构的框架和责任分工与合作能够在一定程度上激发社区困境儿童的潜能，宣传正确的价值观，帮助其获得全面发展。

同时，在社区0～3岁儿童早期教养服务模式创建中，各政府职能部门、企业、社区、社群组织、社区早期教育机构，都握有丰富的教育资源。通过社区早期教育治理，各参与主体的交往互动，形成纵横交错的网络结构，这些资源在网络中形成"协同增效"的放大作用，为居民自发参与、自由选择、自主学习，创造更丰富的教育资源和机会，从而建立多领域的专家支持系统，形成共建共享的资源网络，共同建设社区早期教育服务体系。

第七章 展 望

尽管四川省政府对0~3岁儿童早教教养工作十分重视，但有针对性的早期教养服务项目服务常会因为资源的分散而降低质量。0~3岁儿童社区早期教育服务体系的创建是我国社会公共服务体系构建的有机组成部分，是带有长远战略眼光的全新社会事业，但其服务对象之广、创建过程涉及的人力、物力、财力之多，决定了社区早期教育公共服务体系的建设不可能一蹴而就，要立足国情，根据我国经济发展水平、社会结构情况、历史文化传统等多方面因素，建构具有中国特色的社区0~3岁儿童早期教育服务模式，满足家长对早期教育的公共需求，尚需要对这一问题进行不断深入剖析和阐述，本书将立足现阶段该领域的研究基础，拓展国际视野，作进一步的深入探讨：

一、达成价值共识，进一步增强各方面合作观念

"各国社区学前教育管理的主要趋势是进行合作式管理"。[①]达成价值共识，进一步提升各方面合作观念，首先要明确政府主导责任，调动和发挥各部门优势。政府担当起社区早教公共服务体系建设的主导角色，由地方教育部门牵头，成立社区0~3岁早教服务工作小组，联合各区县幼教教研室、街道、医疗卫生、妇联、计生委等部门相关工作人员共同参与，定期召开组织工作会议，监控社区0~3岁儿童早教公共服务体系的建设进程和工作开展情况。

在早期教育服务工作推进中，虽然已经开始进入街道、进入社区联动，但是街办社区教育突出的"大教育全服务"目前辐射的重点还不完全在"0~6"或者"0~3"这个阶段，街道虽已将早期教育纳入社区大教育内容，但社区居委会工作人员对此工作的积极性尚待提高；同时，0~6岁儿童家庭早期教育服务需求的满足涉及多部门，如妇联、计生、民政、教育等，缺一不可，但从实

---

① 邹敏：《我国城市社区学前教育面临的挑战与对策》，《学前教育研究》，2005（7-8）：97。

际来看，多部门之间并未形成畅通的管理网络和合力。目前，0~3岁儿童早期教育对教师专业化要求越来越高，但目前由于高校人才培养的局限，0~3岁儿童早期教育专业师资引进、后续进修、培养大大增加了机构人力成本，探索有效的0~3岁儿童早期专业人才培养方案，是目前机构人力资源亟待解决的问题，因此，基于社区的0~3岁儿童早期教养服务模式有待于达成价值共识，进一步提升各方面合作观念。事实上，在社区0~3岁儿童早期教养服务模式中，各方面的合作互动过程中，往往各种力量是综合的、发展的，会形成多维、多向、多层的复杂关系，而社区0~3岁儿童早期教养服务模式互动就在复杂的关系中演进着，不断艰难而曲折前行，不断达成价值共识。

二、构建城市0~3岁儿童早期教育的社区支持体系

皮埃尔·布迪厄的人类发展生态学认为，人类所处的环境是包含有机体本身意外的，影响人的发展或者受人的发展影响的任何事件或条件。这里的环境已大大拓展了我们原有的概念，它小至身边的一个因素，大至历史时空因素都纳入了该概念中。[①]

从古至今，人类都具有群体性，人不是以个体为主进行单独活动的，而是在社会群体中进行活动的。我们人类可以说是系统中的人，每个人都生活在显性或是隐性的系统中。个人离不开存在的各个系统，各个系统也离不开个人，各层次的系统相互支持、相互依存、相辅相成，个人对系统有一定的影响，系统对个人的成长与发展也有影响，层层套嵌式系统构成了个人的社会支持系统，社会支持系统在个人的生活和学习，成长与发展中都占据着重中之重的地位。

当前，0~3岁儿童早期教育是教育研究中的新兴领域，早期教育的社区支持体系构建研究尚处于创建时期。构建城市0~3岁儿童早期教育社区支持体系面临机遇与挑战。随着全面二孩政策的实施，将在今后一定时期内对我国人口生育率产生较大影响，0~3岁儿童及其家庭对早期教育的需求尤显急迫。党的十八大报告把促进人的全面发展写入中国特色社会主义道路，党的十八届三中全会指出："重点培育和优先发展行业协会商会类、科技类、公益慈善类、城乡社区服务类社会组织。"因此，保障和促进0~3岁儿童早期教育社区支持体系

---

① 申继亮：《处境不利儿童的心理发展现状与教育对策研究》，经济科学出版社2009年版，第10页。

构建是促进人的终身发展的奠基工程,也是保障与改善民生、完善城市社区治理的重要举措,更是我国建设人力资源强国的必然要求。将0~3岁儿童早期教育纳入社区支持体系,其中构建以社区管理、社区服务、社区参与、社区救助等为重要内容,对儿童成长、女性就业、家庭幸福和社会稳定具有重要意义。

本书下一步研究将以城市0~3岁儿童早期教育社区支持体系构建为研究对象,从城市0~3岁儿童早期教育社区支持体系的重要意义入手,系统研究其内涵要义、发展机遇、发展现状、构建瓶颈等,探讨其发展方向、构建策略,探寻符合城市0~3岁儿童早期教育和社区治理的和谐发展之路,开创城市0~3岁儿童早期教育社区支持体系构建之可持续发展新局面。

研究思路:

(1)城市0~3岁儿童早期教育的社区支持体系构建的重要意义,即城市0~3岁儿童早期教育的社区支持体系构建的必要性分析。从历史、现实、理论三个层面考察城市0~3岁儿童早期教育的社区支持构建的背景,从理论、实践两个方面探讨城市0~3岁儿童早期教育的社区支持体系构建的意义,从政府、社区、家庭三个维度审视社区支持体系构建的可行性,为后续研究工作破题。

(2)城市0~3岁儿童早期教育的社区支持体系构建的内涵要义与文献述评,即城市0~3岁儿童早期教育的社区支持体系构建的科学界定。城市0~3岁儿童、早期教育、社区支持体系构建构成了有机关联的研究整体,相互之间存在着相辅相成的内在关系,需要将其置身于整体系统中才能发挥相互主推作用。因此,科学界定城市0~3岁儿童早期教育的社区支持体系构建的内涵至关重要,对于准确把握城市0~3岁儿童早期教育的社区支持体系构建的关键要素具有重要意义。

(3)城市0~3岁儿童早期教育社区支持体系构建的现状、机遇及挑战,即四川省成都市0~3岁儿童早期教育的社区支持现状描述。从时间与空间两个维度分别分析城市0~3岁儿童早期教育的社区支持体系构建中的突出问题,影响要素,研判社区各级各类政府部门、分管教育局、妇联、计生部门、社区管理机构、社区卫生系统、社区居委会等在0~3岁儿童早期教育中的参与支持力度,考察新形势下其发展机遇,洞悉其发展难题,问诊把脉,为破解城市0~3岁儿童早期教育社区支持体系构建瓶颈提供依据。

(4)城市0~3岁儿童早期教育的社区支持体系构建的对策,即城市0~3岁儿童早期教育社区支持体系如何构建的对策。着重从"顶层设计、精神文化、制度保障、经费支撑、网络信息技术、人才队伍建设"等六方面加以推进，以期营造城市 0~3 岁儿童早期教育社区支持的体系化、制度化、常态化，为满足社区家长对早期教育的公共需求提供政策依据与决策参考。

三、打造国际儿童友好型社区

儿童友好型是指对儿童友好，儿童有权利享有健康的、被保护的、受到关心的、得到教育的、令人鼓舞的、没有歧视的、有文化的环境。[①]基于儿童在社区环境中的生存现状来探讨社区项目打造，具体包括户外活动空间的设计、社区服务、社区保障与社区培训等，其目的在于不断健全社区功能，使社区不仅能满足不同年龄段的孩子安全、自由地奔跑和玩耍，在玩乐中创造和学习，同时也能使他们的身体和心理真正健康地成长。

儿童友好型社区项目打造要有国际视野，有"地球村"概念，积极借鉴国外社区治理先进经验，因地制宜，打造具有中国特色的儿童友好社区项目，受益者不仅仅是儿童，而是在整个社区范围内，从儿童的角度出发，综合社区内其他群体的行为心理需求，对促进社区中更多人的活动产生，增强儿童活动场所活力，进而展现出魅力独具的儿童友好型社区环境。

儿童是家庭的核心，社区是社会的基础。国际友好社区项目打造拟立足儿童友好社区的科学研究、对社区儿童及其家庭的调查，以及政府相关部门、社区组织的现场走访基础上，通过儿童友好的社区空间和普惠服务来维护儿童及其家庭的权利、在社区范围内，从资源配置到运用都充分彰显儿童及其家庭的权益，呈现出尊重儿童、关爱儿童、发展儿童的良好态势，全方位激活社区的活力，从"政策、空间、服务"三维度构建全面实现儿童权利的地方行政体系和社区教育服务体系，为更好地不断满足社区儿童及其家庭的多元化需求指明方向，这具有诸多积极的社会意义。

---

① 丁宇：《儿童空间利益与城市规划基本价值研究》，《城市规划学刊》，2009(7)：177-181。

参考文献

[1] 张建波，康甜甜．A市幼儿园为社区早期教育服务现状的调查研究[J]．常州工学院学报：社科版，2013（3）．

[2] 陈红梅．幼儿园与社区互动的策略选择[J]．早期教育：教科研版，2015（5）．

[3] 张建波．构建0～3岁婴幼儿社区早教公共服务体系的实践模式[J]．理论观察，2013（10）．

[4] 华爱华，黄琼．托幼机构0～3岁婴幼儿教养活动的实践与研究[M]．上海：上海科技教育出版社，2006．

[5] 员春蕊，王小英．澳大利亚儿童早期发展指数的研制、实施和效用[J]．外国教育研究，2015（2）．

[6] 张晋．城市社区早期家庭教育公共服务供给研究[D]．西南大学，2015．

[7] 张民生．0～3岁婴幼儿早期关心与发展研究[M]．上海：上海科技教育出版社，2007．

[8] 孙琳，王晓芬．中小城市0～6岁流动儿童的社区教育[J]．教育评论，2014（3）．

[9] 樊宏，钱姣，陆墨原，张倩，贾桂祯，肖华．南京市0～3岁婴幼儿早期教育利用情况及影响因素分析[J]．卫生软科学，2016（2）．

[10] 郭芬．0～3岁亲子教育指导策略[J]．学园，2013（36）．

[11] 侯晓磊，蔡迎旗．美国0～3岁婴幼儿家庭服务体系项目实施简析——以马萨诸塞州为例[J]．教育导刊：下半月，2015（3）．

[12] 胡育．试论亲子教育的内涵与功能[J]．教育科学，2002，18（3）．

[13] 夏令忠．浅析现在亲子教育存在的问题[J]．素质教育，2007（6）．

[14] 黄梅兰，牟澄．亲子教育活动中如何转变家长的教育观念[J]．教育革新．2009（5）．

[15] 吴迪．澳大利亚学前教育的立法和执法情况[D]．华东师范大学，2015．

[16] 汪媛. 社区婴幼儿音乐早期教育现状调查及策略研究——以南昌市青山湖区艾溪湖西社区为例[J]. 音乐大观，2014（5）.

[17] 李艳. 0～3岁早期教育共同体的实践研究[D]. 陕西师范大学，2013.

[18] 冯丽娜. 婴幼儿早期教育中心质量评估指标体系探索[J]. 学前教育研究，2017（2）.

[19] 宋占美，刘小林，董艳艳. 2016第二届早期教育高峰论坛学术观点综述[J]. 陕西学前师范学院学报，2017（1）.

[20] 赵小花，赵君忆. 公共文化服务体系下完善社区教育支持服务策略——以常州开放大学为例[J]. 云南开放大学学报，2016（4）：11-14.

[21] 刘晓娟，陈小艳. 社区0～3岁婴幼儿早期教养指导服务体系构建初探[J]. 酒城教育，2016（3）.

[22] 高峰，卢立涛. 论推动我国社区教育内涵式发展的条件保障[J]. 中国成人教育，2015（21）：8-10.

[23] 高彩红. 深圳市D区0～3岁婴幼儿早期教育公共服务发展策略研究[D]. 华中师范大学，2015.

[24] 代娟. 农村地区0～3岁婴幼儿隔代与亲代的教养合力问题与对策研究[D]. 四川师范大学，2015.

[25] 杜海坤，傅安洲. 美国公民教育支持体系研究[J]. 湖北社会科学，2015（2）.

[26] 陈乃林. 创新社区教育治理体系略论[J]. 职教论坛，2014（15）.

[27] 李艳云. 我国社区教育存在的问题及对策[J]. 成人教育，2014（05）.

[28] 林惠琴. 家长早教需求与早教课程设置关系研究[D]. 云南师范大学，2014.

[29] 付延风. 0～3岁婴幼儿社区早期教育公共服务体系的国际比较研究[J]. 常州工学院学报：社科版，2013（6）.

[30] 张建波. 0～3岁婴幼儿社区早期教育公共服务体系构建的基本框架[J]. 理论观察，2013（12）.

[31] 杨晓岚. 0～3岁婴幼儿社区早教公共服务体系的保障措施[J]. 理论观察，2013（11）.

[32] 华爱华. "早期关心与发展"的内涵与0～3岁婴幼儿教养理念[J]. 学前教育研究，2004（11）.

[33] 张秀玲，等. 婴幼儿早期教育社区服务形式的研究[J]. 中国儿童保健杂志，

2003（2）.

[34] 张卫，等. 当代西方国家早期儿童教育方案之比较[J]. 比较教育研究，2001（6）.

[35] 徐小妮. 0~3岁婴幼儿早期教养指导模式初探——上海市某早期教育指导与服务中心的个案研究[D]. 华东师范大学，2006.

[36] 陶涛. 20世纪90年代后美国联邦政府学前教育政策研究[D]. 西南大学，2009.

[37] 张敏. 美国发展0~3岁早期教育的经验及启示[J]. 宁波大学学报：教育科学版，2012（4）.

[38] 张民生. 0~3岁婴幼儿早期关心与发展研究[M]. 上海：上海科技教育出版社，2007.

[39] 华爱华，黄琼. 托幼机构0~3岁婴幼儿教养活动的实践与研究[M]. 上海：上海科技教育出版社，2006.

[40] 茅爱群. 0~3岁婴幼儿早期教养指导课程的研究[M]. 上海：少年儿童出版社，2011.

[41] 万迪人，谢庆. 0~3岁婴幼儿早期教育事业发展与管理[M]. 上海：复旦大学出版社，2011.

[42] 奚兰，郑佩蓉，潘琼. 生态化环境中的早教方案[M]. 上海：少年儿童出版社，2012.

[43] 刘丽云. 托幼一体化模式下的0~3岁婴幼儿早期教养指导[J]. 福建教育2013（3）.

[44] 王峥. 以社区为依托开展0~3岁婴幼儿早期教育[J]. 学前教育，2013（10）.

[45] 胡育. 试论亲子教育的内涵与功能[J]. 教育科学，2002，18（3）.

[46] 邵海容. 爸爸妈妈动起来[J]. 时代教育，2009（6）.

[47] 鲍秀兰. 0~3岁儿童教育的重要性[J]. 实用儿科临床杂志，2003（4）.

[48] 庞丽娟. 婴儿心理学[M]. 杭州：浙江教育出版社，1993.

[49] 华爱华. "早期关心与发展"的内涵与0~3岁婴幼儿教养理念[J]. 学前教育研究，2004（11）.

[50] 盖笑松，王海英. 我国亲子教育的发展状况与推进策略[J]. 东北师大学报：哲学社会科学版，2006（6）.

[51] 阿瑟·S.雷伯. 心理学词典[M]. 李伯黍，译. 上海：上海译文出版社，1996.

[52] 程凯，李如密．成人教育教学论[M]．郑州：河南大学出版社，1999．

[53] 厉以贤．社区教育的理念[J]．教育研究，1999（3）．

[54] 张莉．美国社区学院及对我国开放教育的启示[J]．成人教育，2007（4）．

[55] 孙志森．提高家长素质，增强育人质量[J]．教育教学论坛，2013（7）．

[56] 周慧．0～3岁婴儿家庭教育的问题与对策[D]．四川师范大学，2010．

[57] 聂文龙．上海市社区早期儿童服务中心办学理念调查与对策研究[D]．华东师范大学，2013．

[58] 李相云．以幼儿园为中心的社区学前教育模式探讨[D]．西南师范大学，2002．

[59] 伞硕．早期教育从商业服务到社区服务的过渡研究[D]．黑龙江大学，2012．

[60] 刘丽云．早教机构中教师对家长指导能力的研究——以济南主城区早教机构为例[D]．西南大学，2010．

[61] 马东东．城市流动家庭婴幼儿亲职教育研究[D]．云南大学，2015．

[62] 程洁．上海市0～3岁婴幼儿早期教育指导体系中的家长教育[D]．华东师范大学，2005．

[63] 翼彩虹．早教指导教师与家长现场互动研究[D]．华东师范大学，2009．

[64] 王磊．南京市0～3岁婴幼儿教养机构运营模式研究——基于四个机构的考察[D]．南京师范大学，2008．

附　录

附件1：社区0~3岁儿童早期教育家庭带养方式调查问卷

尊敬的家长：

您好！

我们是成都师范学院"基于社区的0~3岁儿童早期教养服务模式研究"课题组成员，正在做一项关于婴幼儿家庭带养方式的调研，您是我们所要访问的对象，希望能听取您的宝贵意见！此问卷只作调查统计数据之用，对于您的个人资料以及您的一些意见，我们将严格保密，敬请放心！非常感谢您的支持！（请将您认为符合的选项填入括号内）

学历：　　　　职业：　　　　孩子性别：　　　　孩子年龄：

1. 孩子带养的主要场所（　　）。
   A. 家庭　　　B. 托幼机构　　　C. 寄在别人家中　　　D. 其他
2. 孩子参加社区早期教育活动的时间（　　）。
   A. 全日　　　　　　　　　　B. 半日
   C. 临时托管2小时左右　　　D. 不参加
3. 主要带养孩子的家庭成员或带养人（指家庭里超过12小时的陪伴者）（　　）。
   A. 父亲　　　B. 母亲　　　C. 祖父母
   D. 保姆　　　E. 其他
4. 家庭成员中基本不参与带养孩子的人（指家庭成员中与孩子每天相处时间不超过2小时的人或即便相处也不交流的人）（　　）。
   A. 父亲　　　B. 母亲　　　C. 祖父母
   D. 保姆　　　E. 其他
5. 家庭成员基本不参与带养孩子的主要原因（　　）。

A. 没有时间　　　　B. 身体原因　　　C. 母亲不允许
   D. 本人不愿意　　　E. 其他原因

6. 家庭中最需要接受早期教养指导的对象是谁（　　　）。
   A. 母亲　　　　　B. 父亲　　　　C. 祖父母　　　D. 保姆或其他

7. 家庭中母亲参与孩子早期教育活动的内容有（　　　）。
   A. 游戏　　　　　B. 玩耍　　　　C. 阅读
   D. 旅游　　　　　E. 看电视　　　F. 厨艺　　　　G. 其他

8. 家庭中父亲参与孩子早期教育活动的内容有（　　　）。
   A. 游戏　　　　　B. 玩耍　　　　C. 阅读
   D. 旅游　　　　　E. 看电视　　　F. 厨艺　　　　G. 其他

9. 家庭早期教养最需要的指导形式是（　　　）。
   A. 上门服务　　　　　　　　B. 个别电话咨询
   C. 提供指导书籍与手册　　　D. 参与集体亲子活动
   E. 听专家报告　　　　　　　F. 网上指导
   G. 广播教学　　　　　　　　H. 其他

10. 父母和孩子一起参与亲子园的早教活动，收获最大的方面是（　　　）。
    A. 自己育儿能力提高　　　　B. 孩子能力提高
    C. 孩子社交范围扩大　　　　D. 玩具比家里多等
    E. 其他

11. 祖父母或其他带养人和孩子一起参与亲子园的早教活动，收获最大的方面是（　　　）。
    A. 自己育儿能力提高　　　　B. 孩子能力提高
    C. 孩子社交范围扩大　　　　D. 玩具比家里多等
    E. 其他

12. 您认为在家庭带养方式中还有哪些困惑或难题亟待解决？

13. 您所在的社区为您提供了哪些方面的早期教育服务？您的建议是？

附件2：社区0~3岁儿童早期教育内容与形式调查问卷

尊敬的老师、家长：

您好！我们正在做一项关于社区早期教育内容与形式的调研，您是我们所要访问的对象，希望能听取您的宝贵意见！此问卷只作调查统计数据之用，对于您的个人资料以及您的一些意见，我们将严格保密，敬请放心！非常感谢您的支持！（请将您认为符合的选项填入括号内）

学历：　　　　职业：　　　　孩子性别：　　　　孩子年龄：

1. 幼儿园办园形式（　　）。
   A. 公办　　　B. 民办
2. 幼儿园开展的早教形式（　　）。
   A. 全托　　　B. 日托　　　　　　　C. 全托日托均有
   D. 临时托（如节假日、钟点）
   E. 半日托　　F. 定期亲子活动指导课　G 其他_____
3. 上门服务（　　）。
   A. 1次/月　　　　　　　　　　B. 2~4次/月
   C. 6~8次/月　　　　　　　　　D. 10次及以上
4. 听专家报告（　　）。
   A. 1次/月　　　　　　　　　　B. 2~4次/月
   C. 6~8次/月　　　　　　　　　D. 10次及以上
5. 组织家长交流研讨（　　）。
   A. 2次/月　　　　　　　　　　B. 4~6次/月
   C. 8~10次/月　　　　　　　　 D. 15次及以上
6. 个别电话咨询（　　）。
   A. 2次/月　　　　　　　　　　B. 4~6次/月
   C. 8~10次/月　　　　　　　　 D. 15次及以上
7. 提供指导书籍与手册（　　）。
   A. 2次/月　　　　　　　　　　B. 4~6次/月

C. 8~10次/月　　　　　　　　D. 15次及以上
8. 网上指导、广播教学及其他（　　）。
　　　A. 2次/月　　　　　　　　　　B. 4~6次/月
　　　C. 8~10次/月　　　　　　　　D. 15次及以上
9. 组织亲子活动（　　）。
　　　A. 1次/月　　　　　　　　　　B. 2~4次/月
　　　C. 6~8次/月　　　　　　　　　D. 10次及以上
10. 向家长发放资料（　　）。
　　　A. 4次/月　　　　　　　　　　B. 6~8次/月
　　　C. 8~10次/月　　　　　　　　D. 15次及以上
11. 您对早期教育家庭带养指导内容的需求（　　）。
　　　　A. 提升家长育儿能力　　　　B. 提升孩子认知能力需求
　　　　C. 促进孩子社会性发展需求　D. 促进孩子情绪发展需求
　　　　E. 促进孩子身体健康发育需求
12. 谈谈您对幼儿早期教育的认识。

13. 您在指导早教活动的过程中有哪些困惑？

附件3：关于城市0~3岁儿童早期教育社区资源利用情况调查问卷

尊敬的园长、老师、家长：

您好！

首先衷心感谢您在百忙中抽空完成此份调查问卷。我们是成都师范学院课题组，正在做一项关于城市0~3岁儿童早期教育社区资源利用情况调研，我们将进行不记名的问卷调查，该份问卷的答案不存在正误之分，而仅用于客观地反映目前情况，因此这份问卷不会对您有任何不良影响，但为了调查的真实可靠，恳请您予以真实回答。真诚地感谢您的合作！

您的职业_____　您的学历_____　您的年龄_____

幼儿的性别_____　幼儿的年龄_____

一、选择题（请将您认为符合的选项填入括号内）

1. 您是孩子的（　　）。
   A. 园长　　B. 老师　　C. 家长　　D. 亲戚
   E. 阿姨　　F. 其他

2. 您所在社区硬件设施有（　　）。
   A. 博物馆　　B. 亲子中心　　C. 图书馆
   D. 儿童剧院　　E. 幼儿园　　F. 早教机构　　G. 其他

3. 您所在社区的管理机构有（　　）。
   A. 街道委员会　　　　B. 居民委员会
   C. 业主委员会　　　　D. 居民自治性组织
   E. 中介组织　　　　　F. 街道办事处　　G. 其他

4. 您和孩子每月去您所在社区亲子中心的次数（　　）。
   A. 1~3次　　　　B. 3~6次
   C. 6次以上　　　D. 没有

5. 您和孩子每月去您所在社区图书馆的次数（　　）。
   A. 1~3次　　　　B. 3~6次　　　　C. 6次以上

D. 没有　　　　　　E. 社区没有该设施

6. 您和孩子每月去您所在社区早教服务中心的次数（　　）。
   A. 1~3次　　　　B. 3~6次　　　　　　C. 6次以上
   D. 没有　　　　　　E. 社区没有该设施

7. 您每月陪伴孩子去您所在社区公园的次数（　　）。
   A. 1~3次　　　　B. 3~6次　　　　　　C. 6次以上
   D. 没有　　　　　　E. 社区没有该服务机构

8. 您每月陪伴孩子去您所在社区动植物园的次数（　　）。
   A. 1次　　　　　B. 2~3次　　　　　　C. 3次以上
   D. 没有　　　　　　E. 社区没有该服务机构

9. 您每月陪伴孩子去您所在社区电影院的次数（　　）。
   A. 1次　　　　　B. 2~4次　　　　　　C. 4次以上
   D. 没有　　　　　　E. 社区没有该服务机构

10. 您每月陪伴孩子去您所在社区商场或超市的次数（　　）。
    A. 1次　　　　　B. 2~5次　　　　　　C. 5次以上
    D. 没有　　　　　　E. 社区没有该服务机构

11. 您每月陪伴孩子去您所在社区博物馆的次数（　　）。
    A. 1次　　　　　B. 2~3次　　　　　　C. 3次以上
    D. 没有　　　　　　E. 社区没有该服务机构

12. 您每月陪伴孩子去您所在社区消防队体验的次数（　　）。
    A. 1次　　　　　B. 2次　　　　　　　C. 3次及以上
    D. 没有　　　　　　E. 社区没有该服务机构

13. 您每月陪伴孩子去您所在社区儿童剧院的次数（　　）。
    A. 1次　　　　　B. 2~3次　　　　　　C. 3次以上
    D. 没有　　　　　　E. 社区没有该服务机构

14. 您每月陪伴孩子去您所在社区科技馆的次数（　　）。
    A. 1次　　　　　B. 2~3次　　　　　　C. 3次以上
    D. 没有　　　　　　E. 社区没有该服务机构

15. 您每月陪伴孩子去您所在社区妇幼保健院的次数（　　）。
    A. 1次　　　　　B. 2~3次　　　　　　C. 3次以上
    D. 没有　　　　　　E. 社区没有该服务机构

16. 您每月陪伴孩子去您所在社区医院参观的次数（　　）。
    A. 1次　　　　　B. 2~3次　　　　　C. 3次以上
    D. 没有　　　　E. 社区没有该服务机构

17. 您每月陪伴孩子去您所在社区少年宫参观的次数（　　）。
    A. 1次　　　　　B. 2~3次　　　　　C. 3次以上
    D. 没有　　　　E. 社区没有该服务机构

18. 您每月陪伴孩子去您所在社区孤儿院参观的次数（　　）。
    A. 1次　　　　　B. 2~3次　　　　　C. 3次以上
    D. 没有　　　　E. 社区没有该服务机构

19. 您每月陪伴孩子去您所在社区敬老院参观的次数（　　）。
    A. 1次　　　　　B. 2~3次　　　　　C. 3次以上
    D. 没有　　　　E. 社区没有该服务机构

20. 您认为带领幼儿体验、参观以上社区服务机构是否有意义？
    A. 没有意义　　B. 不清楚　　C. 有意义　　D. 意义重大

21. 您认为带领幼儿体验、参观以上社区服务机构的作用是什么？
    A. 教育功能
    B. 增强综合能力（包括认知发展、审美、想象）
    C. 帮助养成开朗的性格
    D. 养成良好的生活习惯
    E. 其他

22. 您和孩子是如何体验社区资源的（　　）。
    A. 制订出行计划一同体验
    B. 口头向幼儿介绍
    C. 制订主题计划，进行主题活动
    D. 幼儿自己决定怎么玩，大人保障幼儿安全
    E. 其他

23. 您是否和孩子经常参加您所在社区组织的活动（　　）。
    A. 很少　　　　B. 偶尔　　　　C. 经常　　　　D. 从不

24. 您为幼儿选择参与您所在社区活动的参照标准是（　　）。
    A. 有益于幼儿核心能力发展　　B. 自己的兴趣和主意
    C. 其他早教托管机构的启发　　D. 相关专家推荐

E. 根据孩子自身的特点和兴趣　　　　F. 其他

25. 您是怎样指导孩子参与您所在社区活动的（　　）。

    A. 制订出行计划一同完成工作

    B. 请机构向幼儿介绍

    C. 设定主题，进行主题活动

    D. 幼儿自己决定怎么玩，只是保障幼儿安全

    E. 毫无计划，随便看看

    F. 其他

26. 目前您和孩子能够运用社区资源解决实际问题吗（　　）。

    A. 很少　　　　B. 偶尔　　　　C. 经常　　　　D. 从不

27. 您认为您所在社区硬件设施的提供是否对您的孩子有意义（　　）。

    A. 没有意义　　B. 不清楚　　　C. 有意义　　　D. 意义重大

28. 您认为您所在社区的文化氛围是否对您的孩子有意义（　　）。

    A. 没有意义　　B. 不清楚　　　C. 有意义　　　D. 意义重大

二、问答题（请根据您的实际想法展开论述）

1. 请问您所在社区为您和孩子提供了哪些便利条件？

2. 请谈谈您和孩子目前在社区资源利用方面还存在哪些困难？

3. 请问您对城市 0~3 岁儿童早期教育社区资源的有效利用有何建议？

后　记

　　当前，0~3岁儿童早期教育是教育研究中的新兴领域，早期教育的社区支持体系构建研究尚处于创建时期。构建城市0~3岁儿童早期教养社区支持体系面临机遇与挑战。随着"全面二孩"政策的实施，将在今后一定时期内对我国人口生育率产生较大影响，0~3岁儿童及其家庭对早期教育的需求尤显急迫。因此，保障和促进0~3岁儿童早期教育社区支持体系构建是促进人的终身发展的奠基工程，也是保障与改善民生、完善城市社区治理的重要举措，更是我国建设人力资源强国的必然要求。将0~3岁儿童早期教育纳入社区支持体系，其中构建以社区管理、社区服务、社区参与、社区救助等为重要内容，对儿童成长、女性就业、家庭幸福和社会稳定具有重要意义。

　　因此，基于社区0~3岁儿童早期教养服务模式创建，需要致力于形成"政府主导、妇联牵头、部门（如计生、教育、街道、社区等）联动、共建共享、社会参与、家庭响应"的联动机制，构建形式多样的早期教育服务网络，进一步加强政府对0~3岁婴幼儿社区早教机构的规范管理与机制建设已经迫在眉睫。

　　为了探索一条全新的社区0~3岁儿童早期教养资源整合路径，立足社区空间，服务婴幼儿及其家庭，切实维护儿童及其家庭的权利，在社区范围内，从资源配置，到资源的有效运用，力求呈现"儿童友好型社区"的良好态势，全方位激活社区的活力，从"政策、空间、服务"三维度构建全面实现儿童权利的地方善政体系和社区教育服务体系，为更好地不断满足社区儿童及其家庭的多元化需求指明方向，我们编著了《基于社区的0~3岁儿童早期教养服务模式研究》一书。

　　本书系2015年四川省社会科学"十二五"规划项目"基于社区的0~3岁儿童早期教养区域推进研究"（课题批准号：SC15B009）和2016年四川省高校人文社科基地"四川省0~3岁儿童早期发展与教育研究中心"重点项目"基于社区的整合性早教模式研究"（课题批准号：SCLS16-002）的阶段性研究成果。

　　本书回应了当前对我国社区0~3岁儿童早期教养服务模式问题的理论与实

践需求，为今后"早期教养的社区推进"研究提供了较好的研究素材。

　　本书由成都师范学院教师罗小华、文颐编著。文颐教授致力 0～3 岁儿童早期教育教学和科研工作，长期主持国家级精品课程，先后主持和参与多项省部级课题的研究，发表多篇关于 0～3 岁儿童早期教育方面的论文，在该领域产生了积极反响和引领效应，她对本书的整体框架搭建及研究重点予以了一以贯之的悉心指导并欣然作序；罗小华博士，副研究员，系四川省教育督导立法起草组专家成员，四川省早教行业协会专家顾问，致力学前教育、教育社会学和文化产业投资管理学等方面的研究，近年来其科研论文发表和专著出版在该研究领域都有不断的创新，本书她负责第一、二、三、五、六、七章内容的撰写，同时承担了全书的统稿、审稿工作；成都市锦江区东光街道树基家庭教育服务中心（树基儿童生活馆）顾静、谢珊（执笔）、蒋霞等老师撰写第四章第一节；宜宾市鲁家园幼儿园陈彬、张敏、蒋海鹰（执笔）等老师撰写第四章第二节；成都市蒲江县北街幼儿园王红宇（执笔）、王海霞、龚静等老师撰写第四章第三节；四川省 0～3 岁儿童早期发展与教育研究中心岳训涛副研究员、双流县妇幼保健院的宋祖玲副主任护师、成都市锦江区人大邹燕女士和成都师范学院教育学院何江老师对本书及课题研究提供了大力支持。

　　另外，研究还选择了 10 多所具有早期教育指导经验的幼儿园（所），作为面向社区开展早期教养指导的试点科研基地，这些园（所）有省级示范园，也有卫生保健部门，以及若干民营早教机构，他们面向家庭、社区开展了系列关于早期教养指导服务方面的研究和实践，这些工作对本书的顺利完成提供了大量的详实资料。

　　最后，要感谢成都师范学院对教师科研工作的大力支持、四川省 0-3 岁儿童早期发展与教育研究中心自始至终的鼎力支持、成都市锦江区东光街道树基家庭教育服务中心（树基儿童生活馆）、宜宾市鲁家园幼儿园和成都市蒲江县北街幼儿园的大力资助，感谢西南交通大学出版社对本书进行了细致负责的编校。

　　悠悠之心不由言表！

　　亦望读者朋友们不吝赐教！

罗小华
2018 年元月于蓉城